女は年を重ねるほど自由になる

ワタナベ薫

Prologue

はじめに

50歳という年齢は、今までの生き方がすべて表れる年齢です。
どのような人間関係をつくってきたのか。
どのように仕事に向き合ってきたのか。
お金についてどういう価値観を持っているのか。
どんなものを食べ、どういう生活習慣を送ってきたのか。
そういったことが、言動はもちろん、表情やしぐさなどにもすべて表れます。
だからこそ、女性は年をとるほどに生き方が問われます。

50歳になった今、私が感じるのは、
若いときよりずっと生きることがラクに、
そして自由になってきたということ。

Prologue

若い頃は、親や先生をはじめとする「世間の目」を意識せずに
生きることは不可能ですから、保守的になりがちです。
「良い子」でいなければならないという思いにしばられたり、
失敗を恐れて臆病になったりするのも若さゆえ。
自分で生き方を決められないということは、不自由なものです。
しかし、年齢を重ねるほど「世間」は遠ざかります。
「良い子」じゃなくてもいいし、失敗してもいい。
道を示してくれる先生はいないけど、
そのぶん自分で好きな道を選べるのです。

年齢と共に人生の節目、節目でいろいろなことが起こり、
問題の重みも年々増しているのを実感していますが、
自分の辛さの度合いでいうと、
若いときの方が一つ一つの問題を辛く感じていたように思います。
今の方が試練のハードルは高いにもかかわらず、

Prologue

「今の自分」ならどんな高い壁も乗り越えられるという
自信があるからでしょう。

「20歳のときの顔は自然からの贈り物。30歳の顔はあなたの人生。
50歳の顔はあなたの功績よ」

これはココ・シャネルの言葉ですが、
自分が50歳になってみて本当にその通りだと実感しました。
若いときには、「与えられたもの」で、生き方がある程度決まります。
どんな家庭に生まれ、どんな外見で、経済状態はどの程度か……
そういったもので進路も左右されますし、
本人もそのとき自分が手にしているものの価値がわからず、
ただ当たり前のように受け取って生きています。
あなたも若いときには自分が何を手にしていて、
親がどんなことを提供してくれていたのか、

Prologue

考えてもみなかったのではないでしょうか。
しかし、30代、40代になってくると、
今度はあらゆるものを自力で獲得しなくてはなりません。
20代に自分が手にしていたものは当たり前ではなかったと
気づいたときから、人は本当の人生を始めるような気がします。

若い頃は嫌だと思っていた年齢を重ねるということ、
それが今はとても素敵なことだと心から思います。
もちろん、加齢という外見的な衰えは否定できませんが、
心はますます自由になる。
まだまだ自分の気持ち一つでなんでもできる。
未来の自分にワクワクする気持ちはまったく枯れず、
むしろ若い頃よりフットワークが軽くなっていく自分を感じます。
あなたは50歳になったとき、どんな自分になっていたいですか？
それを本書で一緒に見つけていただけたら、嬉しく思います。

女は年を重ねるほど自由になる

CONTENTS

Prologue はじめに —— 001

Chapter 1
変わっていく自分を楽しむ

女は40歳過ぎてからがおもしろい —— 014
「自分で生きていく」という自信をつける —— 019
「今日がいちばん若い日」だからこそ新しいことをする —— 023
辛い経験が女性を強くする —— 028
幸せは単なる脳内物質のしわざと知っておく —— 033

CONTENTS

人生の三つの課題をクリアする —— 038

Chapter 2

すべての経験を糧にして成長する

小さな場所で一位になっても慢心しない —— 044
「今日一日だけ」と思って生きてみる —— 049
働き方を変えたら、人生が変わった —— 055
辛いときこそ勉強がオススメなワケ —— 059

書くことで客観的な視点を手にする――063
「習慣」の力で立ち上がる――069

Chapter 3

心地いい人間関係を築く

世間じゃなくて、相手に聞く――074
第一印象を飾りすぎない――078
いちばん大切な人を大切にする――082

CONTENTS

人間関係が入れ替わるときは成長のサイン —— 086
「嫌われてもいい」と思う —— 091
「怒り」を感じることをやめない —— 095
「甘えるレッスン」で豊かな人間関係をつくる —— 100

Chapter 4
大人の女性は賢く装う

より魅力的に年齢を重ねていく —— 106

「存在感がある人」の秘密 —— 110
40歳を超えたら、体重よりボディライン —— 114
くすみがちなお肌を輝かせる方法 —— 119
40代以降のファッションは
店員さんの力を借りる —— 124
小顔メイクで身体も細く見せる —— 128
頭皮をマッサージするとリフトアップする —— 132
「女」であることをあきらめない —— 136

Chapter 5

上質な暮らしを手に入れる

人生の妥協度は「服」と「部屋」に表れている —— 142
気に入っていない物は受け取らない —— 146
素肌に触れるものこそお金をかける —— 150
お金は「インプット」と「経験」に使う —— 154
「時短」をやめて、自分と向き合う「ひとり時間」を楽しむ —— 158
「理想の自分」になる三つのリスト —— 162

迷ったときにする究極の質問 —— 168
結局、人生は思い通りになっている —— 172

Epilogue おわりに〜母親との別れ —— 176

Chapter 1

変わっていく
自分を楽しむ

Enjoy your own life by changing yourself

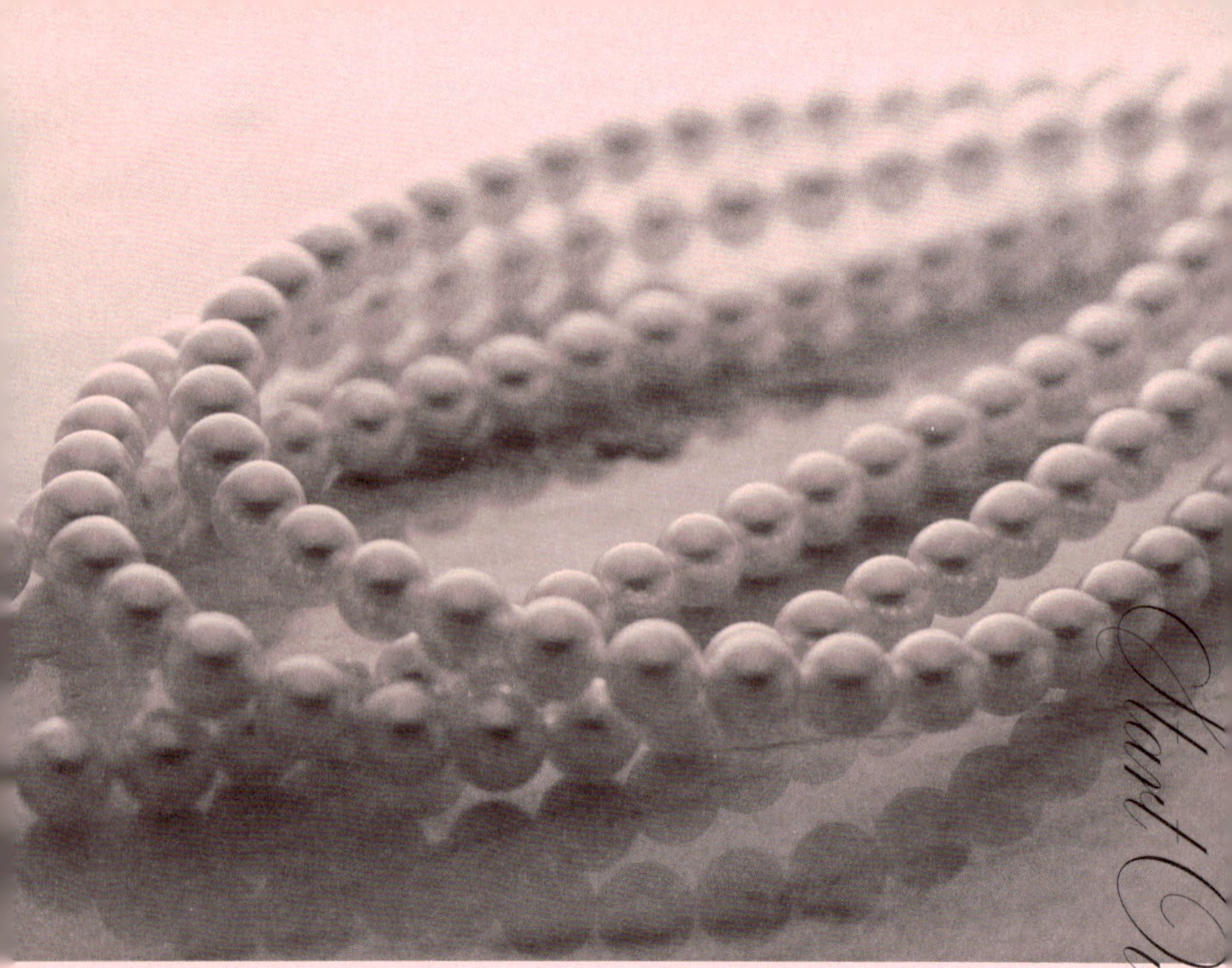

Start Over at 40

女は40歳過ぎてからがおもしろい

いつまでも、枯れない女でいたいと思います。

「枯れる」という言葉には、生命力が衰えたり水分がなくなること、そして英気が失われるなどの意味があります。

もちろんボディラインは若い頃と違いますし、目じりのシワや頬のたるみも出てきました。

しかし、そういうことではなく、大切なのは「心が枯れる」かどうか。

その変化のポイントは40歳くらいに始まる気がします。

心が枯れてしまうとは、心の筋肉のようなものが衰えて柔軟さを失ってしまう状態。頑《かたく》なになり、謙虚さが失われ、感謝の気持ちが薄れてしまいます。新しい経験へのチャレンジや行動力も失っていきます。

すると、行動しなくなった自分を正当化するために、行動している人を妬んで「邪魔したい」というような思いも無意識に生まれてしまいます。

しかし、私の場合は「女は40歳を過ぎて初めておもしろくなる」とココ・シャネルが言う通り、40歳を過ぎてからおもしろい人生が始まったと感じています。

20代の生き方が30代に反映し、30代の生き方が40代に、40代の生き方が50代に反映して今の自分を形作ったと思うと、いろいろありつつここまで生きてきた自分を頼もしく思うくらい。

私の場合は、40歳を境に若返りも始まったように思います。

人は、「おもしろい」「楽しい」「ワクワク」を通じて若返ります。

人生がおもしろければ、目がキラキラして自然と口角が上がり、笑顔になるからです。

40歳になって以降、より自由に自分の楽しいと思えるものを求めて動き出した私は、20代の頃よりずっと心が若いのです。

コーチングをしていると、自分の欲望を理解せずに生きている人がたくさんいることに気づきます。

「自分には手に入らないものだから諦めなくてはいけない」と自分に言い聞かせて、自分にリミットをかける人もたくさんいます。

しかし、リミッターが外れたら40代はどこまでも自由です。

もうなんの制限もない大人なのですから、どこにでも行けるし、何をやってもいいのです。

自分にストップをかけるものは、自分以外に誰もいない。それに気づけば、なんでもできそうな気がしてくるのではないでしょうか。

そう思えたら、できるのです。

昔と違って、「どう生きるか」については膨大な選択肢が広がっています。

一生シングルで生きる人は増えていますし、結婚したからといって家庭に入る必要もありません。子を持つ人も、持たない人もいますし、子どもを産んでも働き続ける女性は増えています。

そのぶんシングルマザーも増えましたが、子育て中に起業する女性もたくさんいます。家庭に縛られるのではなく、自分の人生を楽しそうに生きるお母さんこそが子どもの幸せにつながると信じて行動を起こす女性たちは、キラキラして若々しくて、見ていて清々《すがすが》しいほどです。

こんなにも多種多様な生き方がある今、もはやこれまでの古いしがらみがある一般常識的な40代などいません。

誰もが自分で自分だけの人生をつくっていくべき時代なのです。

だからこそ、40代以降はリミットを外して貪欲に挑戦していくべきです。

自分にはムリだという思い込みやしがらみから離れて、もっと自由に生きていきましょう。

人は、エネルギーの向け方次第で明日から、いえ、今この瞬間から人生を変えることもできるのです。

「自分で生きていく」という自信をつける

Live by Yourself

若い頃は本当にお金のない生活していました。

しかし、私はいつでもあの頃の生活レベルの暮らしに戻れると思っています。

今は、若い頃より使えるお金も増えて住むところも広くなりましたが、結局やっていることは同じ。食べているものも特別変わったわけではありません。ですから質素な生活をしていた頃と同じ状況になっても、やっていける自信があるのです。

自信があるとはいっても、50歳にして独身女の一人暮らし。もちろん備えがあるからこその自信です。

近年人気の「引き寄せの法則」では、「自分がフォーカスしたものを引き寄せる」と言われているため、「将来についてアレコレ不安を持ちすぎるとよくないものを引き寄せる」とか、「保険に入るとよくないものを引き寄せるからやめた方がいい」という人もいます。「ガン保険に入るとガンを引き寄せるかもしれない」などと脅すようなことを言う人もいます。

しかし、私は50歳になったときに保険をすべて見直し、入り直しました。自動車保険の見直し、生命保険の見直し、個人年金も入り直し。用意して備えればこそ、日常生活で不安にフォーカスしなくなるからです。

人生は何が起こるかわかりません。

だからこそ、何が起きてもいいように、自分の力で生きていくための備えを用意することが大切なのです。

いくつになっても夢や目標を持つのは素敵なことだと思います。

「引き寄せの法則」を解説する人のなかには、すでに夢が叶っているところを想像して、その気分を味わいましょう、それだけで叶います！　とすすめる人もいますが、実際にはただ叶ったところを思い描いているだけではダメです。

スピリチュアルの世界でも、高名な人ほど現実的です。彼らの言うのは必ず同じこと。

「目標を達成したいなら、動きなさい。努力しなさい。コツコツやりなさい」

これだけ。本当に当たり前のことなのです。

以前、ある女性が、私が懇意にしていた占い師さんのところに「私は結婚できますか？」と質問に行ったことがありました。

すると先生は、「まずお化粧しなさい。痩せなさい。出かけなさい」と答えたそうです。

これは、占いやスピリチュアルとは関係ないですよね。

でも、現実とは常に、行動と共に変化するもの。

現実的な行動を起こさないまま、「引き寄せ」を念じても叶わないのです。

意識をフォーカスするからこそ、そこに向かって努力しようと行動しますし、行動しているからこそ必要なものを引き寄せることができるのです。

私も、年齢を重ねるほどに、人生は何があるかわからないということを何度も目の当たりにしてきました。

ただ、**そこに不安は感じていません。**

もし仕事がなくなったらコンビニでアルバイトをしてお金を稼ぐこともできますし、家を引っ越してもいい。今住んでいる家を売って、そのお金で少しずつ投資の勉強をすれば、最低限生きていけるくらいの備えもしています。

だから、私は不安にフォーカスすることはないのです。

人生に「絶対」はありませんし、何が起こるかは誰にもわかりません。

かといって、将来の不安にばかりフォーカスして生きるのはナンセンス。

人生でもっとも自由なときを、思いっきり生きていきたい。

だからこそ、大人の女性は、「何が起きても自分で生きていく」という自信と、そのための備えが必要なのです。

Youngest Day

「今日がいちばん
若い日」だからこそ
新しいことをする

人から見れば、些細なチャレンジであったとしても、「今までやらなかったことをやる」というのは大きな冒険です。

たいていの人は、「やらなかったこと」と「できなかったこと」は、心の中で「自分に関係のないもの」という引き出しに入れて見ないようにしているのではないでしょうか。

でも、**この引き出しが自由に開けられるようになると、もっともっと世界が広がっていきます。**

私は、48歳のときに大型バイクの免許をとりました。

30歳のときにアメリカで見て以来、ハーレーダビッドソンのバイクに乗りたい！　と思いながらも行動に移していなかったのですが、ある日お誘いを受けた展示会で見たハーレーのあまりのかっこよさに、思わず買ってしまったのです。免許もないままに。

そうして、身長156センチというミニマムな身体で果たして本当に大型バイクの免許がとれるだろうかと不安に思いつつも、48歳にして初めてバイクの免許取得にチャレンジすることになりました。

体力がある20～30代の男性たちに交じっての教習は、正直つらかったです。

転ぶたびに、心まで折れるかのような思いを何度もしました。

体力も腕力もなく、身長までも小さい。何度も転ぶうちに250キロあまりのバイクを自分の力で起こせなくなったこともあり、助けてもらうたびに落ち込んだ日もありました。

それでも、教習時間をオーバーすることなく、テストも一発合格。お金もムダにせずに免許を手にすることができたのです。

高校生の頃に車の教習で何度も言われた「落ち着け!」という言葉を30年たっても言われながら手にした合格。

辛いこともありましたが、ものすごく楽しい体験でした。

そして、**やり遂げたことで大きな自信をもらいました。**

さらには、晴れた日にお気に入りのバイクでツーリングするという新しい趣味も手に入れました。

この経験から、

1 **自分がやりたいと思ったことは可能な限り挑戦してみること。**
2 **飽きたらやめてもいいけど、飽きるまではやってみること。**
3 **何歳になっても、自分がワクワクするものにはチャレンジすること。**

この三つを改めて決意しました。

今日がこれからの人生でいちばん若い日なのです。

今日やらなかったら、この先一生チャレンジのない人生が待っているかもしれない……
そう思ったら、今が何歳かなんて関係ありません。

「無理」と思うのではなく「やる」と決める。
決めてから、「実現するにはどうしたらいいか？」と考える。

順番を逆にするだけで、やらない理由はなくなります。

私は、今もずっと心理学の勉強を継続しています。
試験もあるのでしっかり勉強しなければと思うとプレッシャーもありますが、よりいい本を書いていきたいと思うからこそ、やろうと決めました。
そして決めたら先生を探し、受講を始めてしまいます。
始めてしまえば、最後までやらざるを得ません。

40歳も過ぎると、物質にお金をかけたいと思う気持ちも生まれてくると思います。もちろんチープなものばかりでなく、上質な物を持つことも大切。

しかし、ハイブランドのバッグを一つ買うより、**経験値を高める何かにお金をかけた方がはるかに身になり、自信になり、それがあなたの魅力になります。**

私は50歳になって、より一層「やりたいことは全部やる」「大暴れの人生」にしたいと思うようになりました。

50歳になると、老後の生活を考えたりお金の心配をしたりして、「守り」に入ることを考える人が多い年頃と思われがちですが、それをしつつもそこでまた一歩新しいことへ踏み出せる自分でいたい。

いくつになっても、もっともっと変わっていく自分を楽しみたい。

勇気を持って未知のゾーンに入ってみると、きっと見たことのないすごい世界とまだまだ出会えると思ってワクワクしています。

More Powerful

辛い経験が女性を強くする

若かった頃と比べて自分が強くなったと感じる今日この頃。

ブログを書いたり本を出させていただいたりするようになってから、さまざまな人にあることないこと言われるようになりました。40歳前後のあたりは落ち込んだり、腹を立てることもありましたが、今は何を言われても心は凪《なぎ》のように静かです。

人にアレコレ言う人ほど何もわかっていない、というのが私の人生経験上得た真理なので、そういう人の言うことがどうでもよくなってきたのです。

年齢を重ねるにつれてスルー力も高まっていますし、精神的にもタフになってきたように感じています。

この精神の強さというのは、もともと持って生まれた特質……つまり天性の場合と、後から身につける場合があります。

私の場合は後者で、私が今手にしているのは自分で身につけた「鈍感さ」と「強さ」です。

若い頃は神経質で、他人の目を気にし過ぎて胃が痛くなったこともあったくらい弱かったし、行動力もなかったし、汚部屋だったし、自分の人生を生きていないタイプの典型でした。

自分に自信もなかったので、褒め言葉も正しく受け取れず、謙虚というよりは卑屈。表面上は明るいけど、裏では超根暗な人間でした。

しかし今、私は強くなりました。

50年という人生経験を経た私から、20代、30代の若い人や、以前の私のように「自分の人生」を歩めていない人に向けて一つだけアドバイスをするとしたら、「今はそれでいい。今のあなたにはその経験が必要。でもその経験が身になって、あとで自分の人生をこれでもか！　って生きている自分に必ず会えるよ」ということ。

たとえ辛い状況にいて、そこにいる自分のことが好きになれないとしても、自分が本当に「嫌だ」と思ったら、徹底的にその嫌な思いを味わってください。

そうすれば、**いずれ自ら変化を起こす決心ができるはずです。**

嫌な状況から半分逃げたりしながら中途半端に味わうと、そのままの状態をキープしてしまうケースがあります。現状に不満を抱えたまま、そして、その状況から抜け出そうとしない自分のことも嫌悪しながら、だましだまし人生を歩んでしまう人はたくさんいます。

または、自分を殺して生きることの辛さやしんどさを知らないと、人生の後半で思わぬことからそういった状況に落ち込んでしまうかもしれません。

でも、辛いときに本当のどん底を経験すれば、すべてが糧《かて》になってくれます。

詳しくはCHAPTER2でお話ししますが、私にとって、30代は非常にきついものでした。

人に迎合する自分に嫌悪感を持ってしまったり、人目を気にして自由に振る舞えなかったり、人のために生きて疲弊してしまったり……。でも、そういう苦しい体験をしたからこそ、今の自分があると確信しています。

そのときの辛さこそが今後に生きる。だから、大丈夫です。今しんどいこと、辛いことが、これから来るべき40代、50代の土台となって、素晴らしい華を咲かせるのです。

渦中のときは本当にしんどいと思いますが、それは必ず後で生きてきます。

「強い意志」だけは、どこにも売っていません。経験した人だけが体得できる貴重なものです。

そして、人生とは、「幸せ」だけがいいわけではなく、「お金がある」ことだけがいいことでもなく、「成功だけ」がいいことでもありません。

その反対側にある「孤独」や「悲しみ」、「喪失」も経験してこそ、陰と陽をあわせた一人の人間として完成されるのです。

すべての人に生まれた意味やミッションがあるとしたら、最上の幸せも最悪の不幸も、その両極を経験することなのではないかと最近つくづく思います。

人生が辛いときにはできるだけ逃げずにその経験をしっかりと味わうことで、どこにも売っていない「意志」という大きな財産を得ることができます。

知識は、読書や勉強で身につきますが、知恵はそれでは身につきません。知識を生活に適用し、いいことと悪いことの両方を経験し、経験から学びを得たときに初めて知恵になるのです。

人生のどんな経験からも学びはあり、それによって人生がさらに味わいを増していきます。

これまで一度も死ぬことなく生きてこられたのだから、これからもあなたはきっと大丈夫！

どんなに辛い出来事をも生き抜いてきた自分に自信を持って、未来を選択してください。

幸せは単なる脳内物質のしわざと知っておく

The Brain Chemicals

「あれがあったら幸せなのに」「これがあったらよかったのに」と、他の人の充実した生活を見てうらやましく思ってしまうこと、ありますよね。SNS全盛の今は、昔よりも自分と他人を容易に比べてしまうようになりました。

もちろん、欲望を持つことは決して悪いことではありませんし、むしろ生きる意欲になります。

行動を起こし、努力するきっかけにもなりますし、困難にあいながらも人生の教訓や法則を学んで欲しかったものを手にすることは、大きな喜びになります。

しかし「何か特定のものがあったら幸せ」なのではなくて、「**自分が幸せだと思える思考になったら、どんな状況でも幸せになれる**」というのも事実です。

インスタグラムなどを見ていると、きらびやかな世界で幸せそうに笑っている美しい女性たちこそが幸せなのだ、と勘違いしそうになるかもしれません。

しかし、「贅沢な暮らしをしている人が幸せ」と勘違いしてしまうと、お金がなくなったらすぐに不幸せになってしまいますよね。

お金は、たくさんある幸せのうちの、たった一つの小さな理由に過ぎません。

お金がなくても幸せな人は、世界中にごまんといます。

つまり幸せというのは、経済的なものや環境や個人的な状況に関係なく、その人の物の見方で形作られています。それは、私が貧乏のどん底も、逆に豊かなときも、両方経験してわかったこと。

幸せとは、はっきり言ってしまえば単なる「脳内物質」のことなのです。

条件や状況に左右されるものではなく、幸せ物質が脳内で放出されたら幸せを感じるのです。

逆に、あれがない、これもない、あれが欲しい、これも欲しい、それらがないから私は不幸せ、なんてことばかり考えていると、欠乏感だらけになってしまいます。

欠乏感を抱えている人はさらなる欠乏を引き寄せるのが「引き寄せの法則」。脳は、自分が興味のあることにアンテナを立てて情報を集めてくれますから、いつもアンラッキーや不幸、欠乏のことばかり考えていると、**脳はもっともっとそれに類することを集めてきてくれてしまうのです。**

そのままでは不幸せ思考のスパイラルに陥ってしまいます。

じゃあ、どうしたら「ああ、幸せだな〜」と思えて、その脳内物質が出るのでしょうか？

それは、お金でもブランド物でもなく、**「今あるものへの感謝の気持ち」を持つことです。**

感謝の気持ちがない人は、いずれ幸せの源をなくします。

たとえば夫の働きぶりに感謝もなく、「ただのお給料を運んでくる人」としか見ていなかったり、子どもにお父さんの悪口ばっかり言っていたら、いずれ旦那さんを失います。

妻がどれだけ自分のことを思って尽くしてくれても感謝せず、当たり前のことのように受け取って妻を大切にしなかったら、いずれ妻を失います。

お金をくれている職場や仕事に文句ばかり言って、得られている恩恵を当然の権利とみなして感謝しなければ、いずれその職を失います。

感謝の気持ちというのは、溢れ出るような感覚です。「感謝して！」と誰かに言われてコントロールできるものではありません。

この感覚は、常日頃から小さなことでも「これってありがたいことだな」と思うことから始まります。

小さな幸せを敏感に拾う人は、たくさんの幸せに気づき、もっともっと幸せを感じるでしょう。そして、いつも感謝の気持ちを持って幸せに生きている人のところには、さらなる幸せな事柄がどんどん引き寄せられていきます。

幸せというのは一つの概念ですから、定義も条件も自分次第。

人生は、解釈と意味づけ次第でどういうものにも変化しますから、「今幸せだ」と思った人から幸せになれるのです。

物質的にも金銭的にも豊かな日本の幸せ度が低いというのは、まさにこの真理を物語っていると思います。幸せとは、物質でもお金でもないのです。

Three Challenges

人生の三つの課題をクリアする

同じような人とばかりトラブルになる。

いつもお金でつまずく。

どうしても恋愛がうまくいかない。

……このようにいつも同じ課題に直面する場合、それはその人が「その課題を卒業できていない」ということではないかと思います。

若いときはそれがわからなくてひたすら同じ課題に向かってもがきますが、乗り越えていくに従って課題が変化していき、乗り越え方もつかめるようになっていきます。

年齢を重ねてから突き当たる課題は若い頃よりさらにハードルが高いものですが、若い頃の苦しみとはまたちょっと違うような感覚です。

経験も積んだし、知識も知恵も増えた。その課題を解決できない限り死ぬわけでもないということもわかっていますから、焦らずに対処できる自分になってきているように感じます。

私は、人生には三つの課題があると思います。

一つ目のテーマは、お金。

お金の扱いには、その人の本質が出ます。

ものすごい大金が手に入ったときに人が変わってしまう人もいますし、逆にお金がなくなったときに豹変してしまう人もいます。

どんな状況に置かれても自分を保っていられるかどうかは、その人がお金を自分の人生の中でどういう位置づけにしているかに左右されます。

二つ目は人間関係です。

人間関係に関する課題は、かなり多くの教訓を含んで、長い期間、人生に居座ることが多いように思います。いつも同じタイプの人とトラブルになる人もいますし、長く安定した友人関係を築けないと悩む人もいます。

難しい問題ですが、まずは自分の価値観をしっかり持つことが最重要です。自分さえブレなければ、どんな相手であれ、ふさわしい距離感をみつけて、さまざまなタイプの問題をクリアしていけるようになるはずです。

そして、最後が健康問題です。

健康に深刻な問題があったとき、人は初めて死を意識します。そのときに人生の本質について考えたり、どう生きるべきかという問題に真剣に向き合うようになるのです。

多くの人にとって、健康はその他の課題をクリアしてきた後の「最後の課題」になることが多いようです。

というのも、魂のレベルが高い人は、かなり若い頃から健康問題を抱えていることが多いからです。

生まれつき障がいを抱えていたり、持病がある人の多くは、精神的に老成しています。

これは、既にその他の課題はとっくにクリアしていて、いかに生きるかということに長い間向き合ってきたからではないかと思います。

もしも自分がいつも同じような課題にぶつかっていると感じる場合は、まだその課題について学びが足りていなかったり、その課題を本当の意味で解決できていないというサインかもしれません。

誰にとっても一生かけて学ぶべき課題がきっとあるのでしょう。

私にとってはもしかしたら家族との関係なのかもしれないと思っていますが、残りの人生をかけてクリアしていきたいと思います。

Chapter 2

すべての経験を糧にして成長する

All kinds of experiences will improve your life

Don't Be Conceited

小さな場所で一位になっても慢心しない

今でこそ人の優しさや控えめな美しさを理解している私ですが、20代の頃は傲慢な人間でした。

自分に与えられたものの価値を理解せず、視野が狭く、常に「自分は間違っていない」と思っていたのです。年上の人にもまったく萎縮せず怖いものなし。今思うと恥ずかしい限りです。

当時は夢もなく、あちこちバイトばかり。まわりの友人はみんな大学に行っていたのですが、勉強が嫌いだったため進学はしないと早々に決めていました。

「みんなが行くからとりあえず行っておこう」というような考え方は今の自分にもありませんが、もう少し自分の将来を具体的に考える視野の広さを持ってもよかったのかな、と今は思います。

その代わり、アルバイトはたくさんやりました。

ガソリンスタンド、お弁当屋、クリーニング屋などなど。クリーニング屋のバイトは最低時給ではありましたが、お客さんが来ない間は裏で別のことをしていてもＯＫだったので、本をたくさん読めたのが嬉しかったことを覚えています。

バイトとはいえ、どの仕事も楽しく働きました。

「効率的に早く仕事を終える」という勝手な使命感に燃えていたので、どのバイトでも何かしらの発見があったのです。

こうした前向きな働き方で得たことは、今でもすべて役に立っているように思います。

そうしているうちに23歳で2歳年下の男性と結婚。もともと母親も働いていたから専業主婦願望というようなものは一切なく、求人広告を眺めて収入の多いものを探し、営業の仕事をするようになりました。テレフォンアポインターも飛び込み営業も時給のいいものはどんどんチャレンジして、みるみる成果を上げました。

私はこれまで一度も正式に就職したことはありません。

それは飽きっぽいという理由ともう一つ、「いつでも新人でいたい」という気持ちがあったからです。

多くの人は、毎日同じ場所に行って、毎日同じ人と会って、信用を積み重ねていくことが社会生活だとは思うのですが、私は自分の居場所が欲しいとは思わず、いつも新鮮な気持ちでイチから仕事をしたいと思っていました。だからどこにも所属せず、すべてバイトのまま仕事をしました。

バイトも常に週に2回か3回の勤務。そうしておいて、別の会社と掛け持ちをするのです。

いつも新しい場所に行くということは、ルールが変わるということです。

Aという会社で教えられていたこととBという会社で言われることが、まるで反対ということもあります。

でも、それが私には新鮮でよかったのです。

「慣れないようにしよう」、それが自分との約束。常に新人。新しい職場では自分がいちばん底辺の人間だと思ってやっていきたかったのです。

人は、常に「慢心」という罠にさらされています。

大したことをしたわけでもないのに、自分のしたことを過大に評価してしまう人はたくさんいます。

しかし、私はどんなに実績をあげようと、それだけは絶対に避けたいと思いました。

小さな場所で一位になったことに満足すれば、今度はその地位に固執するような生き方になります。

どこの職場でも、経験が豊富な人やちょっと成績のいい人が、だんだん威張るようになるものです。その醜さ、そして自分の地位を必死に守ろうとする嫉妬深さなどを見ていると、絶対に自分はああなるまいと思いました。

その代わり、どこに行っても全力を尽くし、そこで良い成績を収めたら辞めて、新しい場所に行く。

新しい場所に行ったら、前職の功績は自分からは絶対に言わないで、またイチから努力して全力を尽くすと一人で決めて、かたくなに働いていました。

それが私流の働き方。

慢心という落とし穴にハマらないことで、成長し続けられるのだと思っています。

「今日一日だけ」と思って生きてみる

Just for Today

一生懸命に働きましたが、営業の仕事のときにはストイックに就業時間内すべてを全力で働くことはしませんでした。今だから言えることですが、責任のないバイトという立場上、とにかく数字さえ出せばいいと思っていたのです。

週に3回だけ9時から16時まで飛び込み営業をしていたときには、フルタイムで週に5日働いていた人よりも営業成績がよく、多くの契約をとっていました。でも、時間をかければ契約がとれるものでもないと思っていたので、ポイントを押さえてわかりやすい資料をつくったり、営業トークの勉強をする方に時間を使おうとフルタイムで外回りはせず、効率的に成果をあげることに注力していました。

しかし、夢中でやって数年たった頃、離婚してしまいました。夜勤もあった彼とは完全にすれ違いの生活。いつしか心までもすれ違ってしまったのです。

まだ若かったので、当時は自分の「理想の夫婦像」の通り、できるだけ夫婦として一緒に過ごす時間をもちたいと思っていたのですが、それは彼とは違ったものでした。彼は、一緒の時間をつくる努力をするより、仕事を一生懸命したいと考えていたからです。

今なら、彼は彼で生活の基盤をつくろうとしていたのだとわかりますが、前提としてのコミュニケーションが足りないまま、いつのまにかお互いにかなり離れた場所にきてしまったことがわかりました。それで、30歳になる頃に離婚。残念でしたが、お互いにもう戻ることはないとわかっての離婚でした。

ここから暗いトンネルの中に入ってしまったように苦しいときを過ごしました。

当時の何がいちばん苦しかったかといえば、離婚に前後するあたりで、**コミュニティの閉塞感を初めて味わったことです。**ある会社に入ったことから、「コミュニティに所属する」ということを初めて体験したのです。

所属するといってもパートの立場だったのですが、そこの会社はパートにもかなりのコミットを求める排他的な会社だったため、「うちの会社は正しい、別の会社は間違っている」ということを徹底的に教え込まれました。

そのため、会社の判断に疑問を感じても「NO」が言えない状態に。自分の失敗を繰り返し考えたり、会社の考え方に納得できない自分を責めたりして、ものすごく人目を気にするようになってしまいました。もしかしたら、「洗脳」に近い状態かもしれません。

自分の本質を見失い、自分の価値さえわからなくなり、自信を失って、何を決定するのも会社の人がどう思うかをいちばん先に考えるような思考パターンに。

離婚した落ち込みからは時間と共に回復していったのですが、数年してようやくできた好きな人と婚約したのに別れてしまったり、会社の人間関係で行き詰まってしまったりと災難が重なって、人生のどん底のようでした。

「何が楽しくて生きているんだろう」ということまで繰り返し考えるような暗い毎日。それが3年くらい続きました。


そんなときに**私の運命を変えてくれたのは、デール・カーネギーの著書、『道は開ける』**です。

本を買うのも苦しい状態でしたが、なぜか古本屋にフラッと入ったときのこと。入った瞬間に『道は開ける』という本だけが目に飛び込んできたのです。引き寄せられるまま手にとってパラパラと開いた最初の一行に、**「今日一日限りで生きる」**という言葉が書いてありました。

そのときに、ドキンとしました。

当時はどん底で出口の見えない状況だったので、先のことを考えて不安でいっぱいだったのです。

これから一体どうやって生きていったらいいんだろう。パートナーも失い、貯金はないのに借金はあり、仕事はきついけど働かないとお金がなく、人間関係も行き詰まっている。どこを向いても出口がなく、明るい未来はまったく見えません。

おまけに当時はストレスが高じて子宮内膜症になっていたので、身体もボロボロ。かなりの痛みを伴う症状もあり、心身共に疲弊しきっていました。

そんな状態だからこそ、将来のことを考えると不安でいっぱいだったのですが、「今日一日限りで生きる」という言葉に、「10年生きるのは辛いけど今日一日くらいなら生きられる」と解釈した自分がいたのです。そして、それを読んだ瞬間にふーっとラクになりました。

今流行のマインドフルネスもそうですね。

今日だけに集中して生きていこう。

明日だの将来だの、まだ何もわからない未来のことを不安に思っているだけでも時間は過ぎていく。

だったら、そんなふうにムダな時間を過ごすのはやめて、「今」こそ大切にするべきだ。

そんなことに気づいた瞬間でした。
そして、行き詰まった会社を辞めて、初めて犬を飼いました。32歳の頃でした。
そこからすべてが好転していったのです。

働き方を変えたら、人生が変わった

Change The Life

初めて犬のモモを我が家に迎えたとき、この愛しい生き物をひとりぼっちにしないで生活したいと心から思いました。「自分の今」を大切にすること同様、「この子にとっての今」も大切にしたいと思ったのです。

そこで、仕事を在宅に切り替える方法を模索しました。

営業を在宅でするなんてムリかもしれないとは思いましたが、私はどうしてもモモと一緒にいたかったのです。

それで、会社で以前、依頼を受けてしていたことがあった、テレフォンアポインターの仕事を自宅でさせてくれないかと思いきってかけあってみました。

正社員でもない自分にそんなことが許してもらえるのかはわかりませんでしたが、今日一日を大切に生きようと決めたとき、それがムリだったらこの会社は辞めさせてもらって、別の在宅の仕事を探そうとも覚悟してのことでした。

ところが、これまで誠実に働き続けてきたことや営業の成績もよかったことから、会社がＯＫしてくれたのです。

つまり、**それまで自分が一生懸命にやってきた仕事を見ていてくれた人がいたということ。**体調が悪かったこともあり、本当に嬉しかったことを覚えています。

時給1000円のテレフォンアポインターですから「すごくいい仕事」というワケではありませんでしたが、当時の地方にしては時給は高い方でしたし、なによりも愛犬のモモを膝にのせて仕事ができることは最高の条件でした。

テレアポですからひどい応対をされたこともありますが、モモは私の気持ちがわかるようにずっと私のそばにいましたし、私もその毛並みをなでていると次の電話に向かう勇気をもらえました。「この子のためにもお金を稼がなくちゃ」という気持ちも、自分を支えてくれていたように思います。

そのうち在宅テレアポも何社かかけもちして、一生懸命働きました。

モモと長い時間一緒にいたことで、ボロボロだった私の心は、かつてないほど癒やされたのです。

やがて自分に対する信頼感を取り戻し、今の自分を嫌う気持ちも小さくなりました。

未来に対してアレコレ考える時間ではなく、**モモと一緒にいる時間がそういうことに気づかせてくれたのです。**

こうして安定した生活の中で結婚への執着もなくなって、「もう自分は結婚しないんだろうな」と考えていた頃、次の夫に出会いました。

そのときは「引き寄せの法則」については知らなかったのですが、**自分の気分がよくて満たされた状態にあり、執着や欠乏感が一切ないと、その状態にふさわしいものが次々と舞い込んでくる**ということを体感したのもこの頃でした。

辛いときこそ
勉強が
オススメなワケ

Study in Hard Times

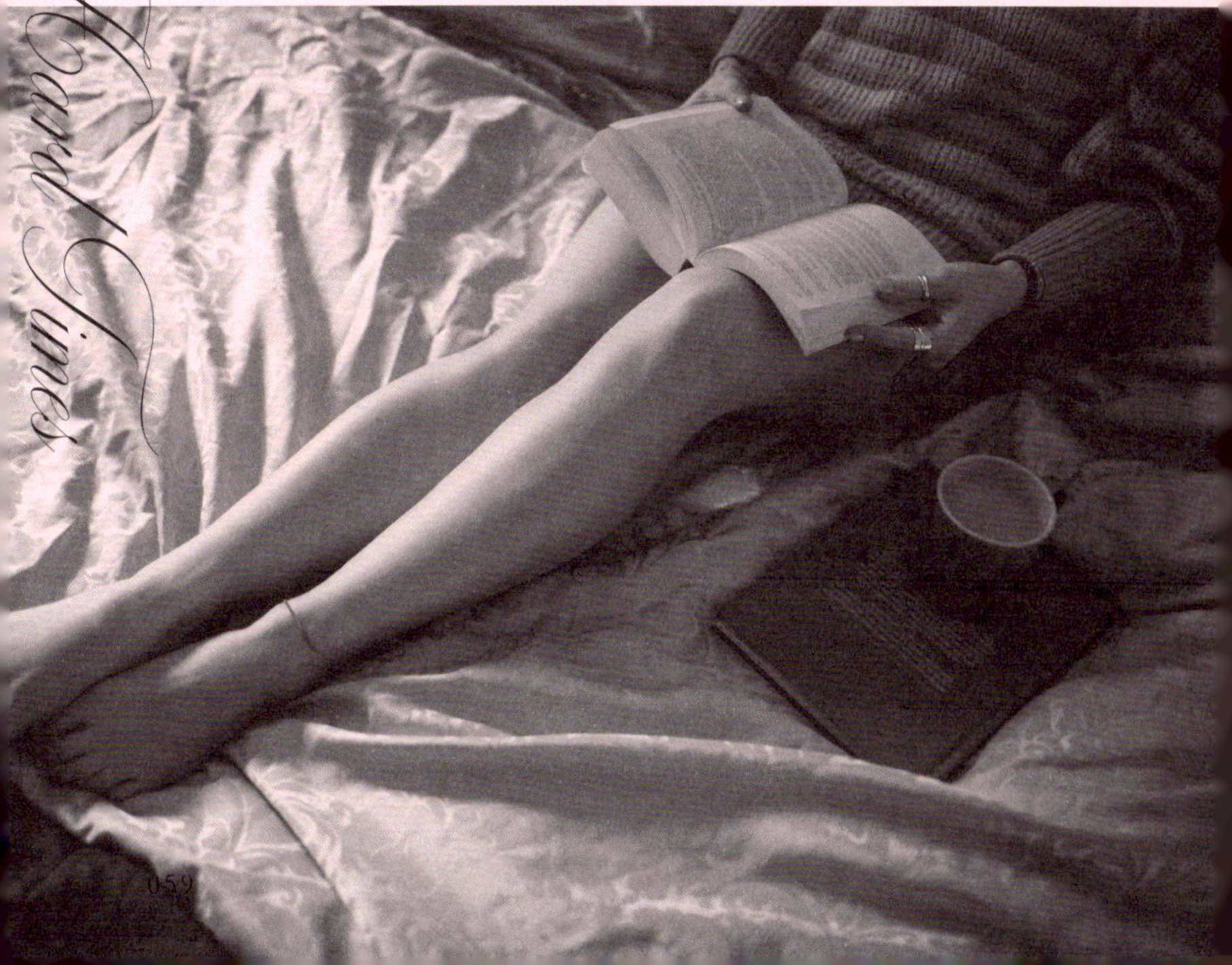

元夫と会ったのは会社関係の勉強会に出席した際、席が隣だったことでした。彼は出会ってからすぐに結婚したいと言ってくれましたが、かなり年下だったので迷いもあり……でも、本当は恋愛に年齢なんて関係ないということはわかっていたので、ほどなくして入籍を決めました。

そうして始まった**40代はとにかく「学び」に時間を費やしました。**

勉強嫌いの私が学んで学んで学んで……勉強をしまくった時代です。すべてはブログのネタのためでした。

ブログを始めたきっかけは、流産の経験からでした。

結婚当初は子どもはいらないと思っていた私ですが、年齢的なリミットが近づくにつれて、だんだん気になってきたのです。

親に孫の顔を見せなくていいのだろうか、身体的に難しくなるなら今が最後のチャンスなんだろうか、などと自分の決断に迷いが出てきました。

当時の私は38歳。過去に子宮の病気もしていたし、厳しい不妊治療に通うマメさもお金もなかったため、タイミング法と漢方だけの治療を受けたのですが、運良くすぐに妊娠。

ところが、数週間で流産してしまいました。

数週間とはいえ、**まぎれもなく身体の中にあったはずのものがなくなったときの喪失感は、言葉では言い表せません。**

つわりも重い方だったので、突然つわりがなくなったことで改めて子どもの不在を実感すると、喪失感にのみ込まれてしまいそうになりました。

そのときに、「あ、まずい、ここで落ち込んだら長くなってしまう」と感じたのです。

前回20代後半で落ち込んだときは3年という長いトンネルに入ってしまった苦しい時期があったので、**またあそこに落ちてはいけない、何かしなくてはと考えました。**

それで始めたのが、現在の「美人になる方法」というブログです。

当時のブログといえばアフィリエイト目的のものが一般的でしたが、私は情報を提供する場所にしたいと考え、ただひたすら価値のある情報を提供し続けました。

そして、毎日ブログを書くためには自分の中にネタをためなければいけないと思い、書くのと同時にさまざまなインプットをするために勉強を始めたのです。

学びについては何千万円お金をかけたか正確にはわかりません。

ブログは毎日必ず更新していたので、大量のインプットが必要だったのです。

ところが、読者のみなさんにいい情報を提供したいという思いで書いていたブログですが、書いているうちに自分にも影響があることに気づきました。

人の役に立ちたいと思って書いているプラスの情報は、書くことで自分自身にもプラスの影響があったのです。

まるでアファメーションのように、私の思考回路もプラスに、そして論理的なものに変化していったのでした。

書くことで客観的な視点を手にする

Objective Perspective

ものを書くということは、頭の整理や精神状態を整えるのに大きな効果がありました。

私にとって、ブログを書くことには二つの利点がありました。

一つは、からまった気持ちの整理ができ、客観的な視点を得られること。

文章に自分の正直な気持ちをすべて出すと、心の鬱屈がなくなります。そして、文章を読み直してみると、自分の感情ではなく客観的な視点で自分の言動を見直すことができます。

人には指摘しておきながら自分がまずできていない、というのは個人的に嫌だったので、こうした問題に直面したときには、「よし！　ブログのネタになるから」と前向きに解決するようになりました。つまり、すべての辛いことは、昇華さえすればブログのネタになってくれたのです。

友人にただ愚痴をこぼしているだけではこうはいきません。人に愚痴を聞いてもらえば、スッキリしたり、精神的に癒されたりはしますが、客観的な視点を得ることはできません。

これは「書く」という行為のもっとも大きな利点だと思いました。

もう一つの利点は、それがいつまでも残るということ。

「残ると思うと書きにくくなる」と身構える人もいるかと思いますが、私は自分の書いたものが20年後も30年後も残ると思うと、ちょっと楽しみだと思ったのです。

そんなふうに感じながらしばらくして前のものを読み返してみると、辛いことや悲しいことがあったからとマイナスの感情の吐き出しをただ書いていると、読んでもおもしろい記事にはならないことに気づきました。

それで、私は自分の書きたいこと――現状の不満や愚痴や腹の立った事件など――を書いてから、最後に教訓として「そこから学んだこと」を書いて記事を終えるようになりました。

「最初は腹が立ったけど、こういう考え方もできるということがわかった」

「終わってみると、こういう人もいるってことがわかってよかった」

「これ以上辛い経験はそうそうないから、体験しておいてよかった」

などなど。

文章の終わりをすべて教訓にしてまとめてしまえば、**すべての体験は「貴重な学びとしての宝」だったととらえることができます。**

もちろんブログを読んでくださる人にも、具体的な教訓を書いたブログとして読んでもらうことができるのです。

このように、出来事の最後に教訓をつけてまとめるという手法は、コーチングで学びました。**試練があるたびにそこから教訓を抜き出すような思考をすると、考え方が非常に前向きになり、新しい視点もどんどん増えていきます。**

たとえば、私がクライアントにコーチングをするときも、辛い体験のまとめとして、

「この経験に金額をつけるとしたら、いくらになると思いますか？」

と聞くと、

「100万円の価値はあると思います！」

なんて、けっこうな金額がかえってきます。

「ということは、100万円の価値のレッスンを無料で受けたってことですよね？」

と聞き返すと、「あ、本当ですね！」と納得されて、それ以降は自然と教訓を自分で見つけて、次に同じ問題ではつまずかないようになります。

さらに、「**次に同じようなことが起きたらどうしますか？**」と聞いてみると、「次

は こうします」とすんなり答えも出てくるようになるのです。

もともとカウンセラーの勉強もしていたのでわかるのですが、**カウンセリングは過去に意識が向きます。**原因を探して取り除くことが目的なので、過去を振り返る必要があるわけです。

しかし、多くは辛い体験を振り返り、思い出させることになるので、それでクライアントを泣かせてしまうことにもなります。

クライアントは泣くことによって少しスッキリした感覚を得られるのだと思いますが、実際は泣きながら過去の辛い体験を語ることで、またその辛さが潜在意識にインプットされてしまいますし、問題はまったく解決していません。

「あなたはそのままでいいんですよ」というような言葉をかけられて、気分がよくなるだけです。だからまた辛いことがあるたびにカウンセラーのところに行くことになります。これではただの依存関係。問題が解決しないどころか、いつまでもその関係から抜け出すことができなくなります。

一方で**コーチングは未来に向かっています。**

コーチングでいちばん大切なのは、いろんな問題があっても、結局は「**この先どうなりたいか？**」。だから過去には戻らないのです。

これが私がコーチングを好きな理由です。

問題があってもそこから教訓を得て自分の中にノウハウとして蓄積して次にいく。また何かでつまずいたら、過去の自分のノウハウから応用できそうなものを探して解決して、また次にいく。

明るくて、未来に向いています。

書くということは、このようにセルフコーチングのような役目も担っているのです。

自分の体験もいつのまにか全部が学びだったのだと気づけるようになるだけで、**嫌な体験や辛い体験も含めて、人生のすべてが学びに変わるのです。**

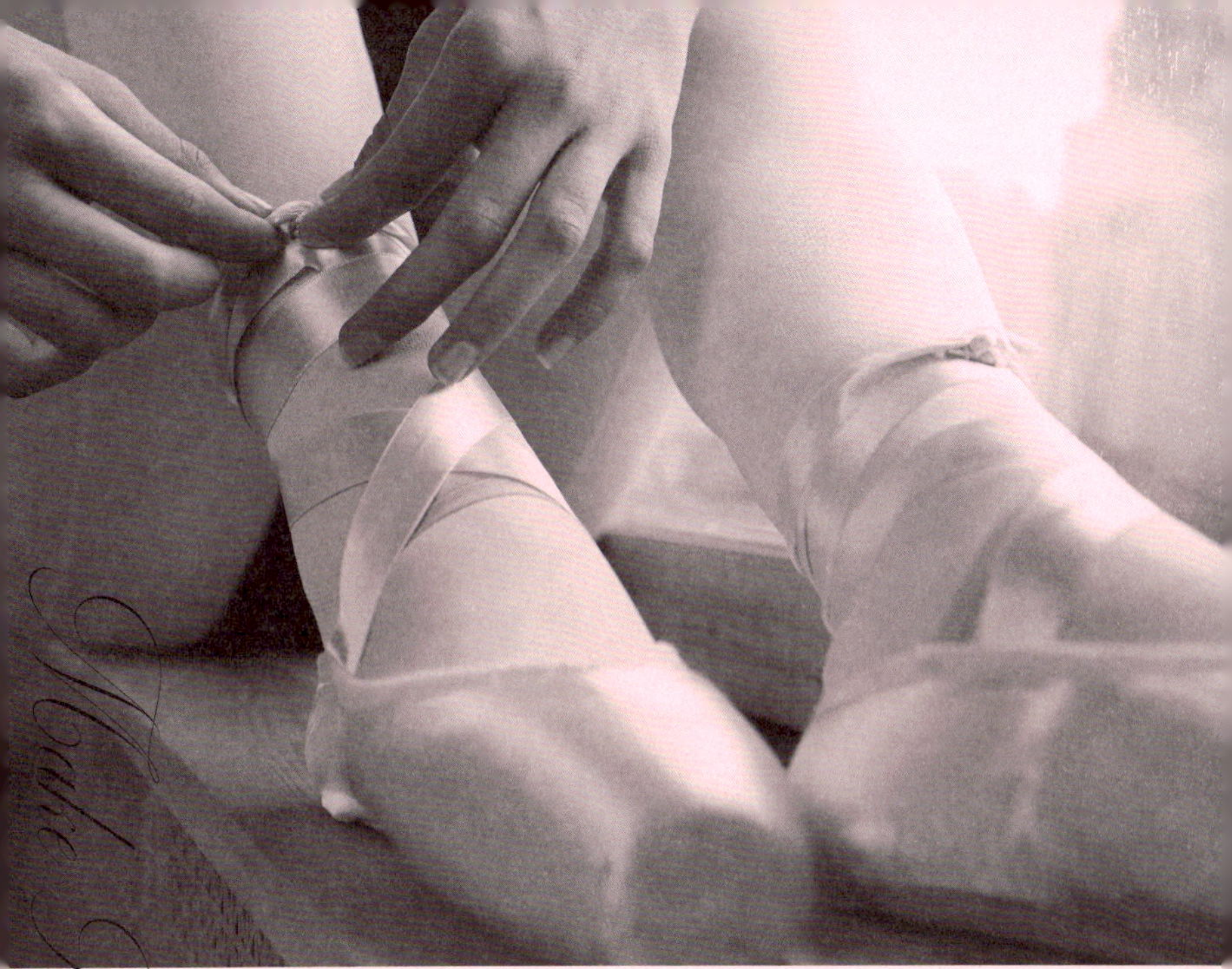

Make It a Habit

「習慣」の力で立ち上がる

生きていれば、調子のいい時期、悪い時期、いろいろあると思います。

しかし、**辛ければ辛いほど自分が今までやってきた習慣やパターンを崩さない方がいい**と私は決めています。

辛いときにはもちろん休むことも必要ですが、私の場合は一度休んだら長い間立ち上がれなくなってしまいそうな気がするのです。

ここ最近でいちばんきつかったのはやっぱり離婚のとき。

青天の霹靂だったので、非常に傷つきましたし、苦しみました。

その苦しみのときには、正直この11年続けてきたブログの記事を書くこともできなくなりそうな自分がいました。

でも、ずっと続けてきた「一日一記事アップする」ことだけは守りたくて、時々は自分の過去の記事にも助けてもらいながら更新し続けました。「ワタナベ薫であり続けたい」という思いが書かせてくれたように思います。

そして、書いているうちに自分の文章に励まされたり、使命感を思い出させてもらったり、そういうものがこれまでの自分を支えてきてくれたのだということを改めて感じ、読んでくださる読者さんへの感謝の気持ちも新たにしました。

もともと根性論は好きではなかったのですが、続けることの大きさ、積み重ねていくことの大切さを学ばせてもらったという気持ちです。ブログがあったから乗り越えられたのだと思います。

もちろん、辛いことがあったら休むことは大切です。「休んではいけない」という意味ではなく、**続けることで心を支えてくれるものを持つ**というのも、長い人生を歩き続けるには必要なことかもしれないと思うのです。

たとえば主婦の人だったら、毎朝子どものお弁当だけは必ずつくるとか、ペットの犬の散歩だけは行くとか。**辛いときにこそ、これまで続けてきたことを踏ん張って継続することが、思いがけないほど自分の力になるのです。**

普段はできることでも、辛い時期は自分のためだけではがんばれなくなることがあります。

そんなときには、子どものためだったり、ペットのためだったり、私の場合は読者さんのためだったり。

そういう**「誰かのため」というエンジンが驚くほど大きな力になってくれま**

す。

そして、その誰かのために行動しようとする自分が、弱った自分を励まし、引っ張りあげてくれるのです。

そう思うと、誰かのためになるような習慣を持つことも、また強く生きのびる知恵となるのではないかと思います。

Chapter 3

心地いい
人間関係を築く

Build relationships beyond having an interest

世間じゃなくて、相手に聞く

Ask The Person First

若い頃、気軽な関係の友だち五〜六人で旅行に行ったときのこと。温泉で貧血を起こして脱衣所で立っていられなくなってしまったことがありました。

そのときは私の他に女の子が二人いたのですが、横になっていた私に一人の女の子が、「ねえねえ、私、一緒にいた方がいい？　それともエントランスに戻って待っていた方がいい？」

と聞いてくれました。

私は、一緒にいてもらうと申し訳ないと思って気疲れしてしまうタイプなので、聞いてくれて助かった！　と思いました。

なので、「行っててもらっていい？」と伝えると、「うん、分かった」とあっさり返事をして本当に先に行ってくれました。

ところが、もう一人の女の子は私のそばから離れません。

私は、「みんなが楽しんでいるスキー旅行なのに、一人で具合悪くなって倒れたりして情けない。人の時間までムダにして……」という自分を責めるような気持ちが湧き上がってくることをおさえることができず、せめて彼女には自分の楽しい時間をすごしてほしいと思いました。

そこで、その子にも自分の時間を楽しんでほしいと伝えようと、「ごめんね、大丈夫だから行っててね」と何度かお願いしたのですが、「ううん。置いてなんかいけない」と言って頑として動きません。なおかつ、「普通さあ、こんなふうに具合悪い人を置いて先に行くかしらね」と、別の友人に対して憤ってくれている様子。

もちろん彼女の優しさもあるのですが、ああ、この人は私がラクになるためにいてくれるというより、自分がしたいことをする方が重要なんだな、と感じたのです。

そこで正直に「ごめんね。実は一緒にいてもらうと気になっちゃって、もっと具合悪くなっちゃいそうなんだ」と伝えると、ようやく「えっ、そうなの？」とビックリして、やっと行ってくれたのでした。

友人には申し訳なかったのですが、こういうシチュエーションは、**実際に倒れた側を体験しないとわからないことなのかもしれません。**

私も逆の立場でよかれと思って気持ちを押しつけてしまった経験があります。

それは、親に対してでした。

仕事がだんだん増えてまとまったお金が入ったときに、小さくても両親が喜ぶ家を建ててあげたいと思ったのです。

でも、両親には「いらない」と言われました。

そのときは、なぜ快適で新しい家がタダで手に入るのに承諾してくれないのかと思いましたが、今思えば納得。引っ越しの荷物をまとめたり、しばらく仮住まいに暮らしたりすることって、大変な労力を必要とするし、年寄りにとってはストレスの多いことなのでしょう。

つまりは、**親のためじゃなくてエゴを押しつけている**ということだと理解しました。

そのとき、これからは相手に必要なことを聞こうと思いました。

人や世間の常識にあわせて動くのではなく、相手にどうしてほしいかを聞く。

シンプルでとっても当たり前のこと。

しかし、親切とはそういうことだと思います。

常識とか世間体ではなく、相手のして欲しいことをしてあげる。

そんなシンプルなことが案外難しいと思うときもありますが、シンプルであることこそが本質を見失わないコツなのだと思います。

#6 First Impression

第一印象を飾りすぎない

「素の自分を出すと嫌われる」と思っている人は、案外多いのではないでしょうか。仮面を被り、いい人を装って人と接するのがクセのようになっている人もいます。

そうする理由としては、「第一印象が大事だから」と考えているケースが多いようですが、偽りの自分を装っている人は第一印象こそよく思われたとしても、第二印象、第三印象で少しずつ「素」が明らかになり、「最初と印象が違う」と思われてしまいます。

本当に人と親しくなるときというのは、第二、第三印象が大切なのです。

相手にムリして合わせていると、相手は「あなたと気が合う」と勘違いしてしまいます。

人には、「波動」というその人固有のオーラのようなものがあります。初めて会ったのになんとなく気が合って楽しいと思ったり、ラクだなあと感じたりするのは波動が合っている証拠。

しかし、ムリして合わせるということは、素の波動が合っていないわけですから、その人やそのまわりの人と付き合っても、あとで自分が苦しくなってしまうかもしれません。

逆に素で接すれば、本当の自分を最初から相手に知ってもらえるので、合わなければムリに関係を続ける必要もなくなりますし、気が合ったならそれをご縁にさらに素敵な友人か恋人ができる可能性もあります。

ですから、素のままで接した方が圧倒的にいいのです。

どうしても素を出せないという場合、その理由は「嫌われたくない」という気持ちが隠れていることがほとんどです。

しかし、「嫌われたくない」という気持ちもまた、あなたに合わない波動の人たちを自ら呼び寄せてしまうことになるから注意が必要です。

嫌われる人には、最初から嫌われた方がラクです。

百人の波動が合わないどうでもいい知り合いができるよりも、たった一人の波動が合う、大切な友とのご縁があった方が、人生はずっと楽しい。

波動が合うかどうかは、あなたが普段から素の波動を出していないと、伝わりません。

ですから普段さまざまな人と接するときには、できるだけ素で接した方がいいのです。

誤解なきように付け加えておきますが、「素を出す」とは、礼節を欠いてもいいということではありません。

自分が好きなものを好き、苦手なものを苦手と思う気持ちにフタをしないことが大切なのです。

第一印象でがんばりすぎないことで、本当に自分にとって大切なご縁だけが残ります。
その人たちともっと関係を深めていけば十分。

大人の人間関係は浅く広くではなく、深く狭くすることが幸せのコツです。

Express Your Love

いちばん
大切な人を
大切にする

「親しき仲にも礼儀あり」

私にとってこの言葉はとても大切。ごく親しい間柄の人はもちろん、家族に対しても忘れないように、常に思い起こすようにしています。

人は、往々にしていちばん親しい人をないがしろにしてしまう傾向があります。

ですから、その言葉を何度も意識して思い出すよう自分に課しているのです。

親しい人とは、愛と信頼という強い絆で結ばれているはずなのに、その関係に慣れてしまうと、いつしか感謝の言葉やプレゼントなどが後回しになってしまったり、いちばん大切な人なのに、いちばんひどい扱いをすることも。

親子でも、恋人同士でも、夫婦でも、親友でも、感謝や愛を忘れてしまう可能性はあります。親しい関係性にあぐらをかいて、この人ならわかってくれるはずと勘違いしてしまうのでしょう。

しかし、**何十年分の愛も信頼も尊敬も、一日で、いえ、数時間でなくなることもあります。**

相手ならわかってくれるだろうという甘えを持たず、自分にとって大切な人だという思いをいつでも表現し続けなくては、相手の心だって乾いてしまいます。
私は、大切な関係にあぐらをかかず、いつでも愛を伝え続けたいと思います。

幸せとは、お金がたくさんあることでも、自分の好きなことをすることでも、富や地位があることでもなく、**大切な人と安定した関係を続けられることが、もっとも大きな土台となります。**

あなたにとって、いちばん大切な相手は誰ですか？
そして、いちばん大切な相手をいちばん大切にする行動とは、どんなことでしょうか？

何を言うことですか？
何を言わないことですか？
何をすることですか？
何をしないことですか？

私にとって今いちばん大切な相手は、私に何もしてくれません。

私は彼らにご飯をあげて、世話をしてやり、具合が悪くなれば病院に連れて行ってあげます。

彼らは自分の気まぐれで愛情表現をしてくれますが、気が乗らなければ私を無視します。

それでも私は毎日愛情表現を欠かしません。

そう、それは私の愛する家族、猫のマイケルと犬のハナです。

彼らを思うとき、私は「愛」という言葉の深さを感じるのです。

大切な存在にいつまでも幸せでいてもらうために心を尽くすことは、自分をも満たしてくれること。愛のある生活こそ、今の私にとって幸せの源です。

人間関係が入れ替わるときは成長のサイン

You Are Growing

今の私は、人とのご縁が切れてしまうかどうかについて悩むことはありません。

「絆」とか「繋がり」とか「ご縁を大切にする」というのは、自分と関わりのある人々を大切にするための素敵な言葉たちですが、それに縛られて不自由に生きるのは本末転倒。

どれだけ仲がよかった人でも、変化していけばお互いの波動も違って、いずれ別れがきます。

その人といて居心地がいいと思えないなら、「波動が違ってきている」というサインです。話していて違和感の生じてしまった相手に波動をチューニングしようとしても息苦しさを感じるなら、それは関係をストップするサイン。

たとえば、その人と話すとなんとなく自信を失ったり、なんとなく言いたいことが言えなくなったり、別れた後にどっと疲れたり……。

うまく言葉にできないとしても、なんとなく一緒にいて居心地いいと感じられないとしたら、それは別れた方がいいというサインなのです。

私がいつも気にしている「その人から離れた方がいいかどうか」のバロメーターは、

・その人といる自分は好きか？

・その人といると心地いいか?

という質問に、自分が心からイエスと言えるかどうか。

逆に、その人といる自分が嫌いに思えたり、その人といると自信がなくなったりするなら、この先も一緒にいる意味は果たしてあるのかどうか、考えた方がいいと思います。

「離れる」ということは、「捨てる」ということでもなければ、「嫌い」になることでもありません。

人生において別れをマイナスだと考えたり、別れはできるだけない方がいいと思っている人も多いと思いますが、そんなことはありません。

自分が成長すれば、別れはつきものです。

人間関係は無理につなぎとめておくことはできません。

もちろん、気が合わなくなったらすぐに別れるのを繰り返せばいいというわけではないのですが、避けられない別れもあるものです。

私は相手の波動に違和感を覚えたとき、次の三点を見直します。

・相手の話に耳を傾けているだろうか？
・相手をしっかり観察して真意を汲みとっているだろうか？
・ときには自分から歩み寄っているだろうか？

これらに思い当たることがあったなら、もう一度自分の態度を改めます。自分が心から反省して一緒にいたいと願うなら、相手の態度も変わるかもしれません。

ただ、それでも変わらなかったら、そのときには離れることを決意します。

自分を傷つける者は誰であっても、そう、親でも夫でも友だちでも、許していていいはずがありません。

自分を守れるのは自分しかいません。

辛かったら離れてもいいし、逃げてもいい。

自分を大切にするということは自分にしかできないのです。

ときには、一斉に人間関係が入れ替わるときもあります。

そうしたときには、自分が何を信じて生きているのか、自分がいちばん価値を置いているものは何なのかを思い出してみるといいと思います。

自分がブレていないかどうか、いちばん知っているのは自分自身です。

ブレていないという確信があるなら、思いきって一人の道を進んでみてください。

いい人の仮面をかぶるより、ずっと気ラクで楽しい時間が待っています。

そのうえ、そうできた自分のことを、もっと好きになれるはずです。

Don't Care About It

「嫌われてもいい」と思う

もともと身体がすごく硬かった私。身体と心はつながっているとはよく言いますが、経営者でもある私の場合、頑固でストイックな性格が身体に出ていたのでしょう。負荷をかけるトレーニングをするとすぐムキムキになってしまうほど筋肉のつきやすい身体でもあるので、できるだけ筋肉を鍛える運動は避けていたくらいです。

しかし、長年頼っているマッサージのセラピストさんに、行くたびに「今日も首、肩、背中がガチガチです。過去最高です！」と記録更新宣言をされ続ける身体から脱却しようと、秋から空中ヨガにチャレンジしました。

するとあんなに硬かった身体がだんだんと柔らかくなってきて、カチコチだった頭皮まで、少しずつですが動くようになってきました。同時に、不思議なことに心も解放されて、これまでとらわれていた「こうでなければいけない」という考えから解放されてきたのです。

それによって、いつしか人に嫌われることを恐れなくなりました。

以前は人から嫌われることを恐れる気持ちがあって、言いたいことを言えずに我慢してしまったり、間違いを指摘するのが難しいと思う仕事を自分でやり直してしまったりというところがあったのですが、今はそういったストレスをまったく感じることなく、言いたいことを言えるようになりました。

伝え方はもちろん大切です。

根底に感謝の気持ちを持っていることも大前提です。

でも、何かを指摘したときに言い訳ばかりする人には、「言い訳はいらないので」とまで言っている自分に驚きつつも、なによりも譲れないのは「お客様によりいいものを届ける」ということ。それに比べたら、ここで嫌われることがどれほどのことかと思えるようになったのです。

本質がくっきり見えるようになったということかもしれません。

たとえ相手に嫌われてしまったとしても、そのとき自分が思ったことを伝えることで切れてしまう縁ならば、それまでの縁なのでしょう。

そして、**たとえ一回は切れたとしても、縁のある人とは必ずまたつながるものです。**

仕事をしていくと、年々交渉ごとも増えてきますが、そこにストレスを感じることなく**自分のゴールだけを見つめるということがどれほど精神状態に影響するか**、歳をとるごとに実感しています。

もちろん友だちでも家族でも同じです。

伝える努力をし、それでも考え方が違っていて、自分の大切なものが守れないと感じたなら、自分の気持ちは素直に伝えましょう。

嫌われてもいいのです。

あと何十年という人生をずっと我慢して生きるより、嫌われることを選んだ方が、この先の人生は何十倍も広がります。

こういった人間関係における考え方の変化も、年齢を重ねたことによるプレゼント。

身体と心が相互に作用するような知恵を身につけたことで、また一歩、自分が自由になっていく喜びを感じます。

「怒り」を感じることをやめない

Don't Stop Being Angry

昔は、何もかもに怒っていた時期があったような気がします。

正義感が強く、人の道に外れたことが嫌いで、不正をしている人を勝手にジャッジしていたのでしょう。とはいえ、その怒りやジャッジの気持ちをうまく表せなかったので、いつもイライラしていました。

今の私には、そのような正義感はまったくありません。

正しいも間違いも陰陽一体。すべては当事者でなければジャッジできないということが、年齢と共にわかるようになったからです。

しかし、「ジャッジ」ではなく自分の心に生じる「怒り」は大切な感情です。

怒りとは、自分の大切なものを守りたいと思うからこそ起きる感情だからです。

時々、怒りを感じないという人がいます。

幼児期の体験で抑圧されている場合もありますし、育った環境によって友だちより早く大人にならざるをえない場合もあります。また、怒ることが恥ずかしいことだと思い込んでいる場合もあります。

他にも、身近にやたら感情的に怒りを表す人がいる環境で育つと、人間関係のバランスをとるために、自分は怒りの感情を出さないようにして育ってしまった、という可能性もあります。

本当は怒りを感じてもいい場面なのに無感覚になってしまっていると、周囲の人の言いなりになってしまったり、怒れなくてモヤモヤを溜め込んでしまうことがあります。

怒れない人は、感情のバランスがうまくとれないため、「そこは怒るところでしょ！」という場面で怒りを表現できずに、時間がたってからひたすら悲しくなるということもあります。

私は問題が複雑なとき、心に怒りがあるかどうか、自分の心の内をのぞいてみます。

すると、自分の大切にしているものが見えてきます。

怒りは、自分が大切にしているものを他人に侵されたときに出る感情です。

プライドだったり、価値観だったり、人や物であることもあります。

つまり、**怒るということは自分の大切な何かを守る行為なのです。**

ですから、怒りの感情を嫌ってはいけません。本当は怒っているのに「みっともないから」などと考えて、なかったことにしてはいけないのです。

もちろん、怒りを自覚しても相手に直接ぶつけるばかりが正しさではありません。でも、気持ちはおさまらない……そんなときの解消法の一つとして、私はひたすら掃除をします。

怒りの感情というのはかなり強いもので、なかなか疲れません。

一方、掃除や片付けも、ものすごいエネルギーを消費する行為です。

それは、物というエネルギーに向き合って、さらに、それを処分しようとしているから。

だから掃除が終わるとぐったり疲れますよね。

ところが、怒りはエネルギー値が非常に高い感情なので、疲れを感じずに物と向き合うことができる。それがいいのです。

怒りのエネルギーに全身を支配されると思考も鈍りますから、**普段だったら考えてしまって捨てられないものも、サクサクと捨てられるという利点もあります。**

無心になって力を入れて磨いたり拭いたりすることでエネルギーも発散できます。

大声で誰かに当たり散らしては迷惑ですが、もくもくと鍋を洗うなら誰にも迷惑をかけないどころか、鍋もピカピカになります。終わった後には怒りも発散し終わってスッキリしているし、部屋も綺麗になっていますし、一石二鳥でサッパリです。

解決できるような問題なら解決法を考えればいいのですが、怒り自体は感情ですから何らかの方法での「発散」以外に解消できません。

相手に悪気がなかったと理解していても、コントロールして怒りをゼロにするのはなかなか難しいものです。だからこそ掃除で発散です。

怒りを溜め込んでいると身体にきます。悲しみも怒りも妬みも同様で、そういう負の感情に長くどっぷり浸かっていると身体に不調として出てきますから、上手な発散法で自分の健康を守るのが大人の女性の対処法。

そして、感情が落ち着いたところで、今なぜ怒っているのか、何に怒りを感じているのか、自分の何を侵されたのか。そんなふうに自問しているうちに、だんだんと問題が客観的に見えてきます。

自分でも知らなかった大切にしている感情が発見できるかもしれません。

「甘えるレッスン」で豊かな人間関係をつくる

Body or Others

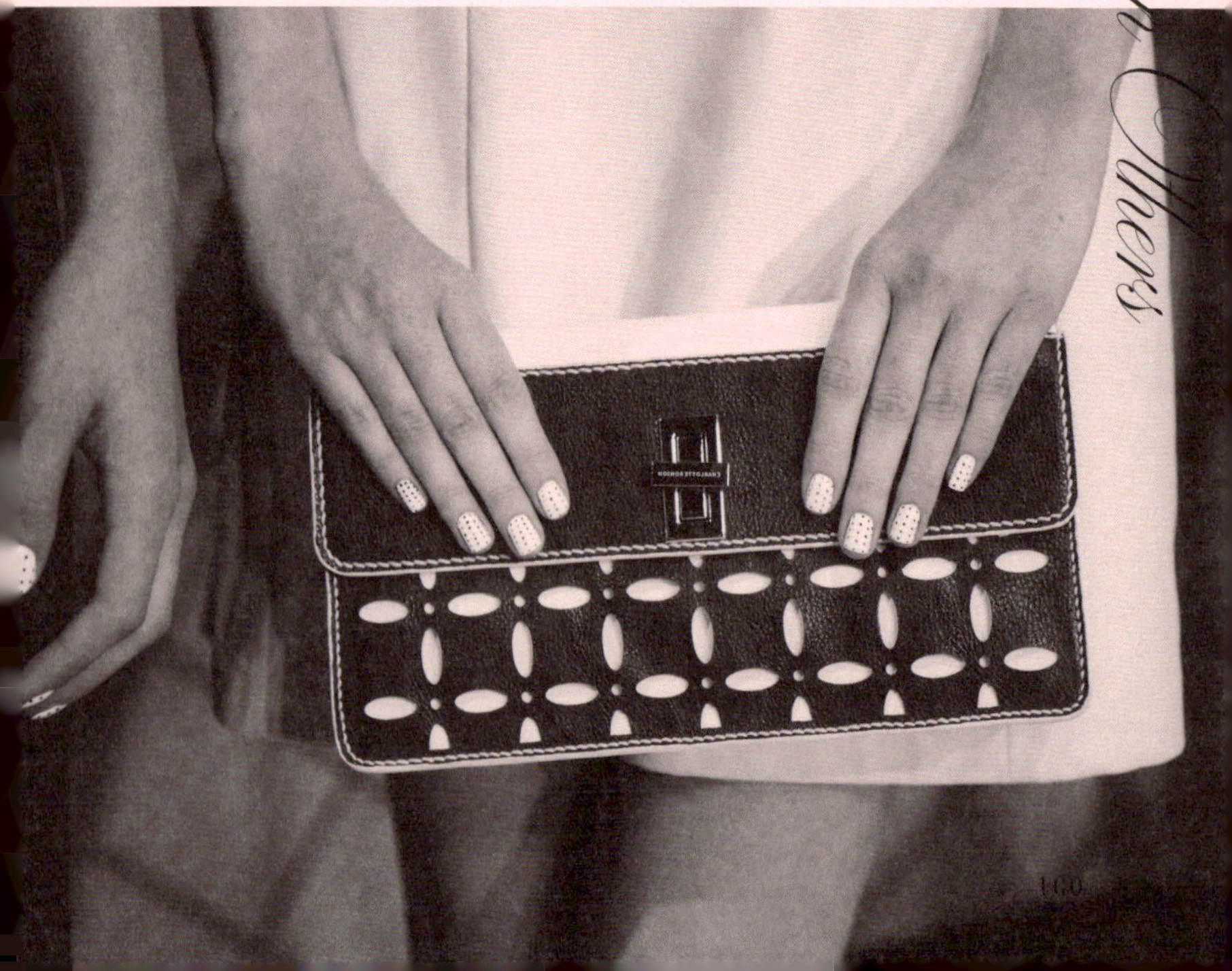

私の親は、教育方針として早くから自立するよう育ててくれました。

両親ともに忙しかったので小さい頃から洗濯も自分でしていましたし、小学校のときから食後の食器洗いは私が担当していました。

もちろん、上履きやジャージを洗うなどの学校の支度も自分。

母親のつくったお弁当に文句を言ったら、次の日から「自分でつくりなさい」と言われて、中学校からは給食のない日や部活の遠征などのお弁当を自分でつくるようになりましたし、高校に入ってからは毎日自分でつくったお弁当を持っていきました。

なんでも「自分のことは自分でする」というのが私の両親の教育方針だったのです。

だからでしょうか。正直、人に甘えるのは今でも苦手です。

先日、マッサージを受けているときに、思いきって20代の女の子に聞いてみました。

「お母さんに甘えるってどういうこと？」

彼女は唐突な質問に驚きつつも、

「なんでしょうね……たとえば『お母さんのつくったあれが食べたいからつくって〜』み

たいなことですかね」

と答えてくれました。

考えてみましたが、やっぱり私は言ったことのないセリフです。

自立心が旺盛であることは、自分の足で生きていくにはとても大切なことです。それについては母に感謝しています。

ですが一方で、人に頼れずに生きていますと、一人でなんでもこなせる強い女性になりがち。**そうやって生きていると誰も助けてくれなくなってしまいます。**

パートナーを望んでいるのに、なかなか現れない人は、自立しすぎている強い女性が多いように思います。

辛いと言えること。寂しい、会いたい、苦しい、助けて、と言えること。**自分の弱さに気づき、それを伝えられることは逆に強さでもあります。**

なぜかといえば、必ずその弱さを補ってくれる人が現れるからです。

ここ数年、私にもいろいろな人が手を差し伸べてくれました。

会社経営をしていくなかで、これまで元夫がやっていたことがあまりにも多かったので、離婚してから仕事に滞りが出てしまっていたのです。しかし、彼が居たスペースには、今たくさんの人がサポートに入ってくれています。

私が自分の弱さを認めて、思いきって彼らに甘えさせてもらったからです。

ときには人に甘えるというのは大切なこと。私は50歳にして、これからはもっともっと人に甘えるということを学ぼうと思っています。


甘えについては、幼少期の体験が大きく影響します。

私の場合、自分が甘えるのが苦手だと自覚したのは大人になってから。

基本的には気を遣うタイプなので、あまりお世話をしてもらったり、甘えるということをしてきませんでした。

しかし、さまざまな人との出会いがあるうちに、「お母さんっぽい人」のことがすごく好きな自分に気づいたのです。そうした人と一緒にいる時間はとても心地いい。

「ワタナベさん、朝ごはん食べてきたの?」なんて聞いてくれて、「食べなかった。ギリギリまで寝てて……」などと返事をしようものなら、「ダメじゃない! 朝食べないと! ほらほら、ヤクルトがあるから。ほらご飯もあるから!」と次々に出してくれます。

しかも、食べ終わると今度は「ほら、バナナの皮ちょうだい」とゴミまで片づけてくれたりして、「この心地よさはなんだろう！」と感動したのです。

そのとき、**「お世話をされる」ということの快感に初めて気づきました。**

私も兄も、両親とはスキンシップというものがまったくない状態で育ちました。頭をなでるとか、手を握るとか、抱きしめるとか、小さなときに膝に乗せてもらった記憶もありません。

でも、もしかして私は母に甘えたかったのかもしれません。

そして、こちらから思いきって甘えていたら、母もその状態を受け入れてくれたかもしれないとも思うのです。

甘えるという行為は、勇気がいります。自分の弱さを認め、通常の関係性から一歩踏み出す行為です。

だからこそ友人などに安易に甘えてはいけないと思うのですが、ときにそうして一歩踏み出して距離を縮めるというお付き合いの仕方も、これからの人生ではもっと学ばなくてはならないと、感じています。

Chapter 4

大人の女性は
賢く装う

Dress to impress

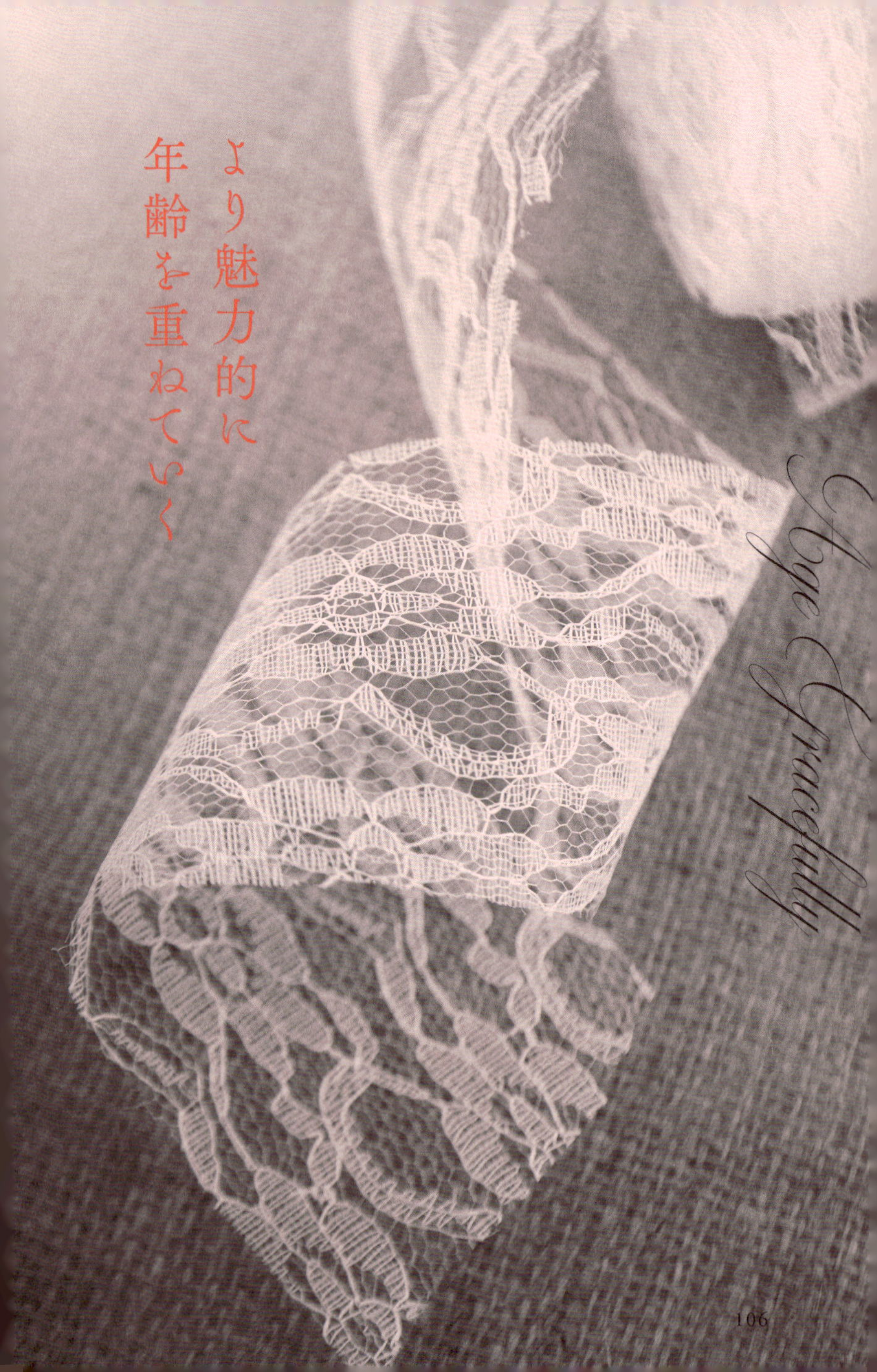

より魅力的に年齢を重ねていく

Age Gracefully

年齢を重ねても素敵な人の魅力には、三位一体の要素があるように思います。

一つには、好奇心があって自分の本当に好きなことを楽しんでいること。好奇心がいつまでもある人は、イキイキとして楽しそうで、話していても感覚が若いと感じます。

もう一つは、優しさや人への気づかいがあること。相手の心を慮《おもんぱか》る想像力や、相手の困っていることを察して手を差し伸べる優しさ、人を不快にしない心遣いのある人は、しぐさや言葉一つとっても美しいと感じます。

三つ目は、外見にある程度の手をかけていること。

手をかけるというのは、若さに執着するという意味ではありません。自分の女性性を楽しむことを諦めずに、できるだけ美しくあろうとする意欲のことを言います。

しかし、外見のことは難しくて、手をかければかけただけ美しくなる、という単純なものでもありません。身体は老いと共に変わっていきますし、メンテナンスも身体の変化にあわせて変えていかなくてはなりません。

また、50歳にもなると何を着たらいいかわからなくて、服を選ぶことが本当に難しくなります。ある程度のトレンドをとり入れることも大切だと思いますし、メイクも年齢にあわせてアップデートしていくことが必要です。

そういった情報収集や努力も含めて続けられるかどうかで、外見は変わってくるのです。

私は、整形や美容医療も否定しません。

年齢を重ねた女性が一生懸命エクササイズに励むことも、若くありたいという努力も、みっともないなどとは思いません。

自分が外見美について自信がなかったからこそ、それが女性にとってどんなに大切なものか、よくわかっているからです。

ですからみなさんにも、**自分が美しくあろうと努力することを否定しないでほしいと思います。**

女性にとって美しさは自信につながります。その自信はオーラとなって、全身から発散されますし、表情にも表れます。

若さは固執しても取り戻せませんが、年齢相応の美しさを得ようとすることは決して恥ずかしいことではありません。

これら三つの要素は、年齢を重ねるにつれて次第に一つの魅力として統合されていきます。

人の顔や身体は、年齢と共に徐々にその人の内面を如実に表すようになるからです。

普段の表情も顔に刻まれていきますし、人との接し方がオーラのようなものを形作って、その人の雰囲気に影響するようになります。

たとえば前の日の夜にすごく怒ったり、悔しくて泣いたりすると、翌日の朝の鏡にうつる自分が、自分でもショックを受けるくらいひどい顔になっていたり、10歳くらい老けていてがっかりした経験が、誰にでもあることでしょう。

もしも日常的にいつも怒っていたら眉間にシワが刻まれますし、オーラも濁ってきます。ですから、**美容は心のありようとも連動しているということが、年々わかるようになってきました。**

心のありようなら、自分の心がけ次第で変化させることができますし、逆に誰かになんとかしてもらえるものでもありません。

だから私は、「しがみつかないけど諦めない」というスタンスで、三位一体の美しさを総合的にキープしていきたいと思っています。

「存在感がある人」の秘密

A Strong Presence

私の理想は、「80歳になっても、デニムを穿いて、ハイヒールを履いて、そしてゴツいジュエリーが似合う女でいたい」というもの。

これを実現するためには、ハイヒールを履いて歩く筋力と、美しく歩くためのスキルが必要になります。穿きたいデニムを穿けるボディラインもキープしなくてはなりません。

これらは、物理的で現実的な努力。でも、それだけでハイヒールとデニムが似合うような年のとり方をできるというわけではありません。

服装やアクセサリーにおいて、似合う似合わないを決めるのは、その物質の発する波動と自分の波動が合っているかどうか。

もし、存在感のあるゴツいジュエリーが好きで、これに似合う自分になりたいと思ったら、**自分が存在感ある人にならなければ似合わないのです。**

「存在感のある人」と言われたら、あなたはどんな人を想像するでしょうか。

人と違った個性的な外見の人も存在感があるでしょうし、逆に目立たない格好でも人の意見に流されずに自分の意見をしっかり言える人も存在感があると思います。

こうした人たちに共通しているのは、自分の意思や考えをしっかりと持っているということ。

「自分の価値観と信念」に従って生きていれば、存在感は自然に出るのです。

逆に、人の意見になんでも迎合するような人には、存在感がありません。

多少ひねくれ者であったとしても、自分の意思を貫く強さがあると、存在感は出るものです。

そのため、私は定期的に自分の価値観の棚卸しをしています。

直感的に行動してしまう方なので、とくにその奥にある自分の価値観を確認しておくことが必要だと感じるからです。

あることで人と意見が違ったとき、自分はどんなふうに思ったのか。

悲しみ、怒りを感じたとき、自分はどうしてそう感じたのか。

こうしたことは、ひとりの時間でじっくり考えることが必要です。

自分の価値観や信念を自分でしっかりと理解しておけば、この後はより自覚的に行動を選択していけますし、人と意見が違った際にも、一層自信を持って自分の考えを貫き通すことができます。

「頑固」ということではなく、自分が生きていくうえで大切にしたいと思う価値観。

これを、人に迷惑をかけることなく自分の責任で守り切れるような生き方をしていれば、自然と周囲から浮き立つような存在感が出てくると信じています。

40歳を超えたら、体重よりボディライン

Keep Your

何もしなければ毎年1キロずつ太っていくか、1キロずつ痩せて枯れていくという二つの道しか残されていないのが年をとるということ。対抗するにはエクササイズをする以外に方法はありません。

身体のたるみは心のたるみ。同じ体重でも、Mサイズの人とLサイズの人がいるのは、そういった心のたるみがもたらすもの。

大切なのは重さではなくラインなのです。

私は現在、スポーツジム等には通っていません。意志力さえあれば自宅でエクササイズは継続できると思えたからです。

今は、毎日朝・晩の歯磨き時にスクワットをし、寝る前にプランクと呼ばれる体幹を鍛えるエクササイズをしています。

スクワットは1回3分程度ですが、ゆっくり腰を落として上げるという動作を繰り返すだけでも、筋肉にかなり効いているのを感じます。

エクササイズをするときには、使っている筋肉を意識することがなによりのポイント。

太ももの筋肉は、身体の中でいちばん大きな筋肉と言われているので、そこを意識してゆっくり繰り返せば、しっかりエネルギー消費につながります。

また、スクワットはお腹が丸まらないように姿勢も意識しますし、プランクではコアマッスルを鍛えますから、自然とお腹もぺたんこに。どんな流行のエクササイズより、やはり継続することがいちばん効果が出ると実感させられます。

また、週に1回ほどボディスーツを着用することで全身の脂肪や筋肉に、自分たちの「あるべき場所」を記憶させようと試みたり、自分の中でバロメーターとなるスキニーデニムを週に1回穿くことを課したりもしています。


また、こうしたボディライン維持法とは別に、「姿勢」も、とても大切にしています。

私がいつもクライアントにお伝えするアドバイスに、こんなものがあります。

「悩むときには背筋を伸ばしてアゴを上げ、空や太陽を見ながら悩んでください」

悩んでいるときというのは、人は必ず猫背になっています。猫背で下を見ながらマイナスのこと、失敗したことなどを、繰り返し脳内で再現しているのです。

下を向いていると、自然に思考もマイナスに向かいますし、呼吸も浅くなりがち。ボディラインにも悪影響で、心身共にマイナスのスパイラルに入ってしまうのです。だったら逆からのアプローチとして、心ではなく身体を変える。大きな悩みがたくさんあったとしても、上を向くのです。

試しにやってみてください。人は、**上を向いては悩めません。**

悩みがあるなら、できるだけ午前中に。上を向いて、太陽の光を浴びながら悩むことにしましょう。

いつの間にか心が前向きになり、「なんとかなるかも」と思ったり、「やってみよう」と思えるようになったり、執着がなくなって新しいアイデアが湧くこともあります。

このように姿勢と心理は相互に影響するため、そして、ボディラインにも大いに影響するため、私はふだんの姿勢を大切にしています。

ここ2年ほど、家で座るのは必ずバランスボール。

集中して物を書いていると、どうしても背中が丸まってきますが、バランスボールだと背中は丸くできません。正中線《せいちゅうせん》（おへそを通って身体の真ん中を走っている縦のライン）をまっすぐに立てて座る必要がありますから、自然と姿勢が正されます。

時間があるときにはお尻を片方ずつ浮かせて左右でバランスをとってみたり、前後に動かして骨盤をゆるめたり閉じたりもしています。今では手を離して正座もできるようになりました。

姿勢のいいネガティブな人はいませんし、正しい姿勢は美しいボディラインの基本です。

鏡にうつる自分にガッカリしないためには、小さなことでも毎日の積み重ねが大切なのです。

Brilliant Skin

くすみがちな お肌を 輝かせる方法

年齢を重ねるにつれて、どうしてもお肌はたるみ、くすんでいきます。ケアをしてもなかなか改善しないと嘆く人もいますが、実は、明るい色の洋服を着るだけで、簡単に肌のくすみを改善することができます。明るい色の服は、顔色をトーンアップさせ、イキイキと見せてくれるのです。

特にトップスの明るさは大切。トップスは顔まわりの表面積が大きい分、第一印象の7~8割を左右するほどインパクトのある部分です。

明るい色の服は落ち着かないからと、グレーや、黒、ベージュばかりを好む人もいるでしょう。実は私もそちらの方が落ち着くタイプではあるのですが、最近は意識して明るい服を着ることで、肌をきれいに見せるようにしています。

最初は見慣れないかもしれませんが、大丈夫。**人にはチューニングする力があります。**着ているうちに自分でも慣れてきて、落ち着かない感覚から脱却できるようになります。

そのうえ、「色」というのは目から入ってくる情報ですからメンタルにも影響しますし、その色の波動が身体にも影響を与えます。明るい色からの影響は心身共にプラスの作用をもたらしてくれるのです。

いきなり派手な色にチャレンジするのは難易度が高いと思いますから、気後れしてしまう人は、**真っ白の服にチャレンジするところから始めましょう。**

白は、写真を撮る際に使用される、光を反射させる「レフ板」の役目もあるので、光を集め、女性の顔色を明るく、美しく見せてくれます。

「でも白は汚れやすいし……」なんて思った人、汚さないように着ましょう！　かえって雑なしぐさや身のこなしが改善されて、美しい立ち居振る舞いになるというおまけの効果もありますよ。

次にオススメするのは光り物をつけること。

アクセサリーというのは習慣とも密接ですから、普段からまったくつけないという人は、つけると落ち着かない気持ちになるかもしれませんが、まずは一度試してみてください。

最初のステップとして、ピアス（もしくはイヤリング）、ネックレス、指輪、ブレスレット、これらを一度に全部つけてみるのです。

デザイン的に上品なものだったら、全部いっぺんにつけても嫌味にはなりません。

ふと自分の指先に目がいったり、手首の細い鎖を意識すると、女性としての気分も上がりますし、身のこなしも丁寧になります。そして、**人の視線も、やっぱり光っているところに集まるのです。**

逆にインパクトのある大きなコスチュームジュエリーだったら、胸元に一個だけとか、ピアスだけでもOK。大きなアクセサリーが光を呼び込み、顔が明るく、華やかな印象になります。とくにスワロフスキーなどのキラキラしている素材で大きなものをドーンとつけると、印象が一気に変わって新鮮に見えます。

年齢を重ねることの喜びは、大きな指輪やゴージャスなネックレスが似合うようになること。大ぶりでゴージャスなアクセサリーは、シワやシミを隠してくれます。

若いときはアクセサリーの迫力に負けてしまいますが、シワやシミが出てくると逆に迫力ジュエリーが似合うようになるのですから、楽しみも増えるというわけです。

ジュエリーはあまりチープに走らず、小さすぎず、輝いているものをつけた方が、年齢を重ねた女性を綺麗に見せてくれます。

最後のオススメは、身体の中に光っているパーツをつくること。

たとえば、爪がツヤツヤしていたらすごく綺麗ですよね。ジェルネイルなどのような派手なデコレーションをするのではなく、お手入れされた爪に透明のネイルだけ塗っていたら清潔で美しい印象になりますし、自分の気分も上がります。

もちろん髪も光っていたらもっと素敵です。普段のヘアケアに加えて、艶出しスプレーなどを利用すれば、顔のシワを目立たなくしてくれる効果もあります。

最後は、唇。年齢と共に、どうしても縦ジワが増えてしぼんできますから、グロスで光らせてツヤツヤにしてみてください。**ふっくらした唇は、顔のくすみも吹き飛ばす効果があります。**


私たちの細胞は「人からの視線」からも影響を受けていて、相手の期待やラベリングに応えようとします。

ですから、くすみのない肌と明るい顔色のあなたに接する周囲の反応にこたえて、自分もさらにハツラツとした若々しい言動になっていきます。

こうした外見の変化は、ちょっと装いに工夫をするだけですぐに変えられるものです。明日からの美しい自分をつくるために、そして、外見に自信を失わずに毎日を楽しむために、ぜひ何か一つ取り入れてみてください。

40代以降の
ファッションは
店員さんの
力を借りる

Ask The Shoppers

体型が変わる40代、50代のファッションは、本当に難しいと日々実感します。

体型のみならず、いつまでも20代のファッションでは、顔とファッションのバランスがとれずに違和感が生じますし、40代の女性の多くはまだまだ子どもにお金がかかる世代。経済的なことを考えると高級な服ばかり買えるわけでもないと思いますし、かといって40歳を過ぎてプチプラばかり着ていたら中身までプチプラになりそうな気がして躊躇《ちゆうちよ》しますよね。

40代以降のファッションは、やはりある程度の「上質さ」で品を、そしてある程度の「トレンド」で、オシャレ感をキープする必要があると思います。

年齢を重ねていくと次第にファッション誌を見なくなる人が多いのですが、ときにはファッションについて考えてみるのは大切なこと。外見は、あなたの名刺代わりです。

私がファッションでいちばん大切にしているのは「見た目年齢」にあった装い。

「実年齢」と「見た目年齢」は違いますし、自分では案外そのズレに気づけません。かといって、「ねぇ？　私っていくつに見える？」なんて聞くわけにもいきませんよね。たいていの人は5〜10歳くらいはリップサービスで若く言ってくれるものです。

そのため、私はアパレルの店員さんに「おすすめのものを持ってきてもらう」という方法をとっています。

彼女たちは「おいくつですか？」とは聞いてきません。**その人の見た目年齢にあわせたおすすめの服を提案してくれます。**

つまり、そこで持ってきてもらった服で、自分の見た目年齢をつかむのです。

客観性を失ってくる年頃の女性には、ちょっと怖い瞬間ですが、勉強になりますよ。

もちろん、ファッションで自分を表現することを諦める必要はありません。

ただ、今の自分がどのくらいの年齢に見えているのかを把握してこそ、どこをアレンジすればいいか作戦がたてられるというもの。恐怖心はおさえて、一度チャレンジしてみることをオススメします。

私の場合は、見た目年齢について理解できることプラス、トレンドを取り入れた服にチャレンジするきっかけももらえる大切な機会になっています。

着慣れないシルエットの服は自分ではなかなか選べませんし、着たところで違和感があって、買おうと決心するのに時間がかかるものですが、プロの意見なら信用できます。

それに、**新しいシルエットの服に挑戦することで新しい自分を発見できるので、お買い物も楽しみになります。**

すすめられた服そのものを買わないとしても、こういう雰囲気に見えているのだなということがわかれば、その後も服が選びやすくなりますよ。

Make You Look Thinner

小顔メイクで身体も細く見せる

人の第一印象は「顔」です。

人は、誰かと会ったときにはまず「顔」を見ます。そして、パッと見の顔の印象で、体型などもなんとなく予想されています。

つまり、顔が引き締まって見えるだけで身体も痩せて見え、逆に顔がダルダルで大きかったり二重アゴだったりすると、身体も太った印象になってしまうのです。

私の昔の友人で、頬にたるみのまったくないYちゃんという小顔の子がいました。身長は150センチ、体重が53キロ、体脂肪率が31％と、ちょっとだけぽっちゃりな彼女でしたが、パッと顔を見た感覚では、小顔のせいか、すごく細い人に見えるのです。

一方Kちゃんは、20代後半にして二重アゴ。身体は細くて40キロしかないのに、なぜか見た目の印象ではけっこうガッシリした人というイメージです。

顔でスタイルまで違って見えてしまうのですから、目の錯覚はあなどれません。

とはいえ、今日から意識したところで明日いきなりフェイスラインをスッキリさせるのはムリというもの。ですから、**私はフェイスラインをシュッと見せるためのハイライトとシェーディングを使っています。**

シェーディングは、前髪の生え際とアゴをはずしてフェイスラインにV字になるように入れます。

ハイライトは、逆に顔の中の高い部分を強調するのに使います。鼻筋に細く縦にいれ、頬の高いところとあご先にもつけると、顔に立体感が出てきます。

ハイライトとシェーディングは、顔の弱点をカバーして立体的に見せてくれる魔法のメイク。**顔の凹凸を強調して立体感が出ると、不思議と小顔にも見えます。**

40歳を超えたら、一度チャレンジしてみることをオススメします。

慣れなくて使うのが怖いという場合には、ハイライトだけチャレンジしてみると、なじみやすいと思います。

シェーディングは濃くなるとかなりメイクの印象を強めてしまうので、使うときにはあくまで少しずつ足していくのを忘れずに。

また、**くすみがちな年頃のお肌には、コンシーラーが必須です。**

できてしまった肌トラブルも次第に治りにくくなってきますから、トラブルをふんわり隠せるコンシーラーは大切な毎日のパートナー。

しっかりメイクをしない日でも、下地の上にコンシーラーをのせれば、ある程度肌を綺麗に見せられます。

女性として綺麗であり続けようとする努力はときに面倒ですが、綺麗になることは楽しいですよね。

なくしたものを嘆くより、補うスキルでより自分がパワーアップすればいいと思うと、これも女の楽しみの一つと、少しウキウキした気持ちになれます。

頭皮を
マッサージすると
リフトアップする

Lift Up Your Face Line

40歳以降は、ボディケアやお肌のケアなどにくわえて、ヘアケア&頭皮ケアも大切になります。

ある調査によると、40代の髪の悩みの60%以上が、「髪のボリュームが少ない」というもの。同時に抜け毛、薄毛、ハリ、コシ、ツヤがなくなるなどの悩みもあげられました。

年齢を重ねるにつれて髪の毛は細くなり、ハリもツヤもコシもどんどんなくなっていきますので、それと共にしっかりとしたお手入れが必要になってくるというわけです。

私は、40歳を過ぎたあたりから襟足の毛がクリンとカールするようになりました。小さいときはストレートだったのに突然カールが出てきたとはいえ、親もくせ毛だから遺伝的なものかなと思っていたら、これも「老化」の一種だと聞いて驚きました。

頭皮がたるんできて、そのたるみが襟足に負荷をかけ、一層たるんだ毛穴から生える髪をうねらせてしまうそうなのです。

襟足のうねりの原因が頭皮のたるみにあったなどと聞くと、加齢とは本当にさまざまなところに影響するのだと思わされます。

40歳以降は、顔のお手入ればかりせっせとやるよりも、顔の皮膚と一枚でつながっている頭皮ケアもしっかりした方が、リフトアップになるのですね。

確かに、以前から週に1回通っている頭皮のアロママッサージは、施術前と後で顔の状態が大きく変わります。

ここでは直接顔へのマッサージはしていないので、頭皮マッサージと首や耳のリンパマッサージをすることで顔がリフトアップする、ということがよくわかります。


その他にも、私の場合はヘッドスパに月に一度通い、自分でも毎日パナソニックのマッサージ器で頭皮マッサージをしています。

具体的には、シャンプー後にAVEDAのブラシにスカルプエッセンスをつけてとかし、その後マッサージを数分という流れです。

頭皮は硬いと健康にも美容にも悪いようですが、これだけやっているのに私の頭皮はいつもガチガチ。だから自分の指の腹を使って、頭皮を動かすようにシャンプー時もマッサージをしています。

髪が薄くなるとそれだけで老けた印象になりますから、**トップがフワッと立ち上がるように乾かしたり、分け目もシャンプーするたびに変えています。**

頭皮マッサージは特別な器具がなくても大丈夫。ご自身の指の腹を使って、指圧してみたり、頭蓋骨と頭皮をずらすように強めにマッサージしてみてください。

またブラシでポンポンポンポンとリズミカルに叩いても血行がよくなるそうです。

こうしたケアをすると翌日の顔色がかなり改善しますので、40歳になったらやらない手はありません。

Being a Woman

「女」であることをあきらめない

女性である限り、誰でも美しくありたいという願いはあるでしょう。

しかし、**何かがきっかけでその感覚がなくなり、坂を転がり落ちるように美意識がなくなってしまうことがあります。**

実は、私も今から8〜9年ほど前にそんなことがありました。

私の場合は、一定のライン以上に太ってしまったことがきっかけでした。

太った、と言ってもまわりの人から見ればそこまで大きな変化ではなかったようですが、自分の中では限界を超えて「あるゾーン」に突入してしまったので、急にボディラインをキープする意欲がなくなってしまったのです。

そうなってからはあらゆる意欲が薄れてしまい、少しずつ少しずつ太っていきました。

しかし、ある日、美しい人と一緒に鏡にうつった自分の崩れた姿に大きなショックを受けて一大決心。

「スキニーを美しく穿きこなす！」「スキニーをブーツインして穿く！」という目標を掲げてエクササイズに励みました。

毎日30分のエクササイズを2カ月続けて6〜7キロ痩せ、LサイズのボトムからXSサイズまで、サイズダウンにも成功しました。

人によっていろいろなパターンがあると思うのですが、何かがきっかけで美意識がどんどん薄れていったという経験のある人はかなり多いようです。

ある人は、妊娠出産がきっかけで。

ある人は子育てに忙殺されて美に興味がなくなって。

また失恋がきっかけで綺麗にしていることの意味がわからなくなってしまったという人もいました。

私のように、自分の基準以上に太ったことによってお気に入りの服が着られなくなってしまい、ファッションやメイクに対する興味が薄れてしまったという人もいると思います。

もちろん先にも書いた通り、女性の美は内面と外面とセットでつくられていますから、外見だけ綺麗なら何でもいいというわけではありません。

でも、**女性が美しいということは、まわりの人の幸せにもつながります。**

夫は喜びますし、子どもにとっては自慢のママになります。おまけに街を歩く誰かの目の保養になっていることもあるのです。そして、年下の女性に、未来に希望を感じさせてあげることにもなるはずです。

なにも女優さんのような特別な美しさだけが「女性の美」ではありません。

美に関して意識を高めて行動していけば、女性が本来持っている「その人だけの美しさ」が出てきます。そして、見た目に手を掛けているということが、自信につながることもあるのです。

私はもともと、内面もファッションも男勝りなタイプですし、ビジネスの話をすれば、ほとんどの人に「まるで男性のようですね」と言われてしまうようなタイプですが、年齢を重ねるにつれて、「このままいったら、おじさんかおばさんかわからない人になってしまう！」という危機感から、意識して女性らしい美に向かって努力するようになりました。

すると、男勝りな私でも褒められることもありますし、甘い女らしさは出ないにしても、かっこいい女らしさなら好きだな、と自分で発見もできました。なにより鏡を見てガッカリしなくてすむのは気分がいい。

美しく装うこともまた、長い人生の中の楽しみの一つになっていると感じます。

ときに面倒くさく感じられる「外見に手間をかける」ということも、人生を豊かにするために大切なこと。ムリせずできる範囲で続けていきたいと思います。

Chapter 5

上質な暮らしを手に入れる

Improve your quality of life

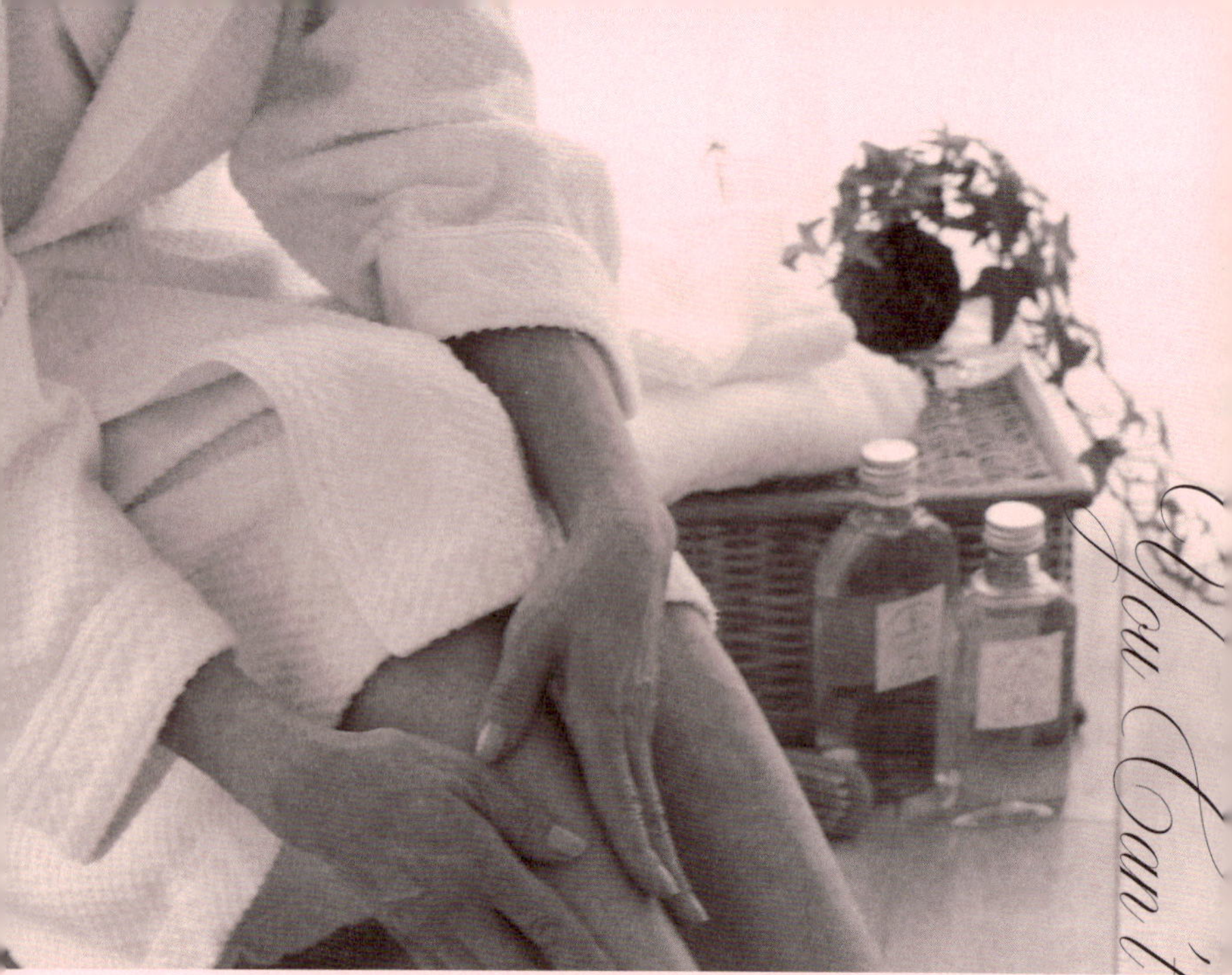

You Can't Compromise

人生の妥協度は「服」と「部屋」に表れている

人生の妥協度は、毎日着ている「服」と住んでいる「部屋」に表れています。

これは、部屋が汚いとダメとか、服がダサいとダメという意味ではありません。**自分の装いと部屋に対して満足しているかどうかが大切なのです。**

なぜなら、服も、小物も、部屋も、家具も、自分が選んできたものだから。つまり、自分でコントロールできるところだからです。

コントロールできるものに関して満足していないのであれば、他にもさまざまな点で妥協している可能性があるのです。

もちろん、主導権が旦那さんにあって、インテリアに自分の意見を一切言えないという場合はその限りではありませんが、それでもその状態に不満を抱きながら何もせずにいるとしたら、それもまたある種の妥協といえるのではないでしょうか。

部屋の中に慌てて買ってしまった家具や小物で、そのまま使っているものはありませんか？

ワードローブ内に、本当は気に入っていないのに妥協で買ってしまったものはありませんか？

こうしたものに妥協が多ければ多いほど、人生においても同じ現象が起きている可能性があります。

私は、本当に気に入ったもの、自宅に迎えてもいいと思えるものと出会うまで、買うのは待つように心がけています。

必需品の場合は仕方がないものもありますが、少しくらいの不便であれば、「出会う」まで待つのも楽しいもの。

今の場所に引っ越してくる前は、我が家ではかなりの間、ソファーのない生活をしていました。ソファーは大好きですし、家の中にリラックスできる場所を欲していたのに、妥協して買うのが嫌でガマンしていたのです。

しかし、「出会うまで買わない！」と決めて過ごしてみると、その空間も広々として心地のいいものでした。

他にも、ダイニングテーブルで一目惚れしたものがあったのですが、お金がなくて買えなかったため、しばらくの間テーブルがないままで生活していたこともありました。

不便ではありましたが、本当に欲しい物があるからこそ節約生活もがんばれましたし、手に入れられたときの喜びもひとしおでした。

そして、妥協しない自分にも満足できました。

あなたも、これから自分で選んで買うものは、よくよく吟味するように意識してみてください。

そうすると、**少しずつ人生も自分でコントロールできるようになってきます。**

その清々しさは、ちょっとくらいの便利さとは比べものにならないほど気持ちのいいものです。

気に入っていない物は受け取らない

Don't Take It

リビングのリフォームをしたときに、改めて物質とはエネルギーなのだと感じました。部屋をいったん空っぽにするために荷物を詰めて運び出し、終わったらまた段ボールを開けて荷物を入れ直す、という作業をしたのですが、**物と向き合うことは本当にエネルギーがいると実感したのです。**

リビングのリフォームでは、あえて収納場所を減らしました。それゆえ、かなり物を減らし、また今後は物を家の中に入れない工夫も必要になります。

郵便物、ダイレクトメールでのカタログ、自分の趣味に合わない贈り物、お店からもらうノベルティグッズ……いただきものは、要と不要にかかわらず入ってきてしまい、後で処分に困るものです。

でも、無防備にどんどん家の中に招き入れてしまうと、「いただきものだから捨てられない」とか「後で読むかもしれないから取っておこう」とか「趣味に合わないけど、とりあえず使ってみようかな」というように、自分がワクワクしないものに家の中を占領されてしまうのです。

だから、**これからはそうしたものはできるだけ家に入れないことを意識しようと思っています。**

多くの物が家の中に入り込むと、空間がゴチャゴチャするだけでなく、一緒に暮らしているだけでエネルギーが奪われることになります。

飾り物は、掃除するたびによけたり飾り直したりするエネルギーを使いますし、分厚いカタログはスペースをとるうえ、捨てる際にまとめるのにも労力を費やします。

贈ってくれた方は、喜んでくれるはずと思ってプレゼントしてくれたのでしょうし、もし自分が贈ったなら、せっかくのプレゼントが迷惑がられていたら悲しいでしょう。

ですから、送ってくれた人のご厚意をムダにしたくないという気持ちはありつつも、使わないとわかっているものをいただいておいてコッソリ捨てたり、誰かにあげたりするのは胸が痛むので、最初から相手にお気持ちだけをいただき、送らないでほしい旨を伝えています。

冷たい人間と思われることもあるかもしれませんが、いただいたものを無下《むげ》に扱うことができないからこそ、そのようにさせてもらうのです。

カタログはもらわないでWEB閲覧もできますし、お祝いの品や贈答品も、お気持ちだけいただいて辞退させていただくこともできます。

さらには携帯電話やクレジットカードの明細もWEB閲覧すればムダなダイレクトメー

ルも減りますし、買い物に行った際にもそのときの感情にまかせて安易に物を買わないように意識するようになります。

私の場合は、そんなことを意識しているうちに、ずいぶん物の侵入を防ぐことができるようになりました。

簡単に家に物を招き入れない生活は、掃除もラクでエネルギーも奪われず、快適です。

素肌に触れるものこそお金をかける

Wear The Good Loungewear

妥協せず、本当にお気に入りで上質な物だけを持つようにすると、家の中がすっきりとして心地いい空間になります。

私もちょっと前にグラスをほとんど処分して、お気に入りの物だけを残しました。

白と赤が使えるワイングラスを2客。

シャンパンとビールに兼用できるグラスを2客。

ジュースやお水、またはウイスキーにも兼用できるグラスを2客。

調理器具でも、使いやすいわけでもないプラスチックの物が、気づけば20年選手、30年選手になっていたので、処分。順次お気に入りの物を買い直していくつもりです。

カトラリー関係を処分するにあたっては、「これを使うのってワクワクするかな?」と自問自答しながら分別していったら、残ったのはステンレス製の大小のスプーンとフォーク3本ずつと、ゴールドの珈琲スプーンとケーキ用のフォーク。そして、デザート用のフォークとナイフ2本ずつでした。たったのこれだけ。**捨てた数は100本くらいあったのに、いつも使っていたのはほんの数本だったのです。**

自分でもこんなに不要な物を持っていたことに驚きました。**単にいつも通りの習慣にとらわれていただけで、実は不要な物をたくさん抱えていたのです。**

上質な物を迎える前には、一度決まった手順で物を整理することをオススメします。

一度シンプルな暮らしになると、不思議なことに物を気軽に購入しなくなります。

買う際に、これは10年、20年使うのかなと考えることで慎重になり、本当に質がよくて、自分にとって必要で、お気に入りの物だけを迎えようと思うからです。

そうやって不要な物を処分してお気に入りにかこまれた空間をつくっていくと、不思議なことに、**日常的に身にまとう物の「肌触り」も気になるようになりました。**

一日のうちのできるだけ長い時間、気持ちのいい空間で、肌触りのいい物に包まれて過ごしたいと思うようになったのです。

私はふだん「今治《いまばり》タオル」のバスローブを着ていますが、そのフワフワの肌触りに包まれると本当に心地よくて、幸せな気持ちになります。

寝具まわりも、シーツや枕カバー、それに布団カバーはすべてシルクで統一。いつもそれらに包まれて裸で寝ています。ツルツルすべすべの感触が素晴らしく、自分の肌も磨かれていくようです。

石けんも合成洗剤ではなく、本物のバラの香りでつくられたローズソープを使っていま
す。豊かで濃厚な香りに、使うたびにウットリします。
嗅覚というのは脳とダイレクトにつながっているため、ニセモノの香りを日常的にかいでいると、嗅覚が鈍ってしまいます。

だからこそ、香りものは絶対に妥協しないことが大切です。この石けんを使うようにしてから、合成の香りにすぐ気づくようになりました。

人からよく見られたいという「見栄」の執着から離れられない人が急にお金を手にすると、洋服やバッグなど、外からすぐに見えるような見栄のアイテムばかりにお金を消費しがちです。そして、そういう人ほど、誰にも見えない家の中の物や石けんなどの消耗品を安くおさえようとする傾向があります。

でも、**本当の贅沢とは日常に使う物にこそあります。**

毎日自分の肌に触れる物にこだわることは、自分の心も大切にしているような心地よさを味わえる、最高の贅沢なのです。

お金は「インプット」と「経験」に使う

Study and Gain Experience

若い頃は自分に自信がなかったため、見栄を張っては必死に節約して、ブランドのバッグを買っていました。

高額な品に相応しくない経済状態にもかかわらず、どうしてそんなにブランドにこだわったのかといえば、それは中身がなかったからに他なりません。

人は、他人と比べて自分が劣っていると感じるときほどブランドに走るものです。中身がないことを自分で知っているからこそ、**ブランドで少しでも大きく見せようとするからです。**

当時の私はその典型。見栄を張ってブランドにお金を使っていました。でも本当は、若いときほど内面を充実させなければなりません。**知識を学び、経験を積むことにこそお金をかけるべきだったのです。**

外見なんて、若いときは何を着ても似合うし、似合わなくても若さがそれを可愛らしく見せてくれるものです。ブランドのバッグなんて、きっと似合わなかったに違いありません。

一方で、中身がスカスカのまま大人になるほど寂しいことはありません。年齢を重ねても中身が空っぽでは、どうやっても素敵な人には見えないでしょう。そして、人生の何に喜びと楽しみを感じて生きていけばいいのでしょう。

しかし、若い頃の私は、こういうことに気づけませんでした。

私の場合、20代は常にお金が足りなくて何一つ買えなかった反動からか、30代でブランドに走りました。30代になってとくに大きく収入が増えたわけでもなかったのですが、**内面に自信がないときこそ、外面を飾りたいと思うものです。**

当時は閉鎖的な会社に所属していた頃で、非常に排他的な共同体の中で人との距離が近すぎて、つい人と自分を比べてしまうようになっていたのです。

人との距離が近すぎると、しばしば相手からの影響を強く受けるようになってしまいます。そのときの私も、コミュニティにどっぷりとつかって、本来自分の価値観として守るべき心のスペースにまで人を入れてしまっていたのです。

だから、周囲の人の影響をかなり受けて、人がブランドを持てば自分も欲しいと思うようになってしまっていました。

今は、その頃よりお金があっても、やみくもにブランドものにお金をかけるようなことはしません。

とくに服はどうしても傷みますから、ユニクロやザラもよく着ます。靴やバッグや時計、そういった小物にある程度のお金をかければ、500円のTシャツでも1万円に見えるということがわかったからです。

高いブランドにやみくもにすがっても、素敵には見えません。**むしろ若いときにはブランドに着られてしまうのがオチ。**

ポイントをしぼったお金の使い方をして、物もあまり増えすぎないように管理。

高いものを買うときには慎重に吟味して、もし家に迎え入れることができたのなら、大切にしてあげましょう。

そして、**節約できたお金は何かをインプットすることに使いましょう。**

本や映画はもちろん、興味のある分野の講座の受講料にしてもいいですし、ずっと興味のあった場所に旅行してもいいと思います。

年齢を重ねても、どんどん新しい体験で経験値を上げていけば、きっと全身ブランドで固めたセレブな女性より、数段魅力的な女性になれると私は信じています。

「時短」をやめて、自分と向き合う「ひとり時間」を楽しむ

Enjoy Your Own Time

私はひとり時間が大好きで、結婚していた時も、あえて一人になる時間をつくっていました。

慣れていない人は、もしかしたらまわりの人に「寂しい女」とか「強がっていそう」などと見えるのではないかと不安を感じるかもしれません。

でも、一人でいる女性を悪く言う人は、自分ではひとり時間を過ごすことができず、誰かと一緒にいることで安心感を得ているだけなのです。

まわりからどう見られているのかを恐れる気持ちとはサヨナラしましょう。

夫と一緒にいても楽しい！

家族と一緒にいても楽しい！

恋人と一緒にいても楽しい！

でも、一人でも楽しい！

これができると、女は最強。

どんな環境になったとしても、楽しむ方法はいっぱいあります。

一人を楽しめる女には、望めば男性とのご縁はたくさんあります。そう、望めば。

ご縁がないと思う人は、自分の胸に手を当ててよく考えてみましょう。本当は、男性と一緒に暮らしてパンツを洗濯するなんて絶対にイヤ、というような気持ちが隠れているはず。

便利な世の中になったにもかかわらず、「時間がない」「忙しい」という人ばかりで、何かに心を傾けたり、趣味にたっぷり時間を使うということが少なくなった今だからこそ、**逆に時間をかけて何かをやってみることで、生まれるものがあると感じます。**

ひとり時間のときには、私はだいたい次のようなことをしています。

・読書
・豆をひくところから丁寧にコーヒーを淹れる
・イメージングや瞑想
・植物を育ててみる
・ストレッチやエクササイズをする

こういうことを義務ではなく、あえてたっぷり時間をかけてやってみるという贅沢を楽しむのです。

コーヒーを淹れるときに豆を手動ミルでひく、ガーリガリ、ガーリガリという音に耳を傾ければその音に癒しを感じますし、美味しくな～れと念じながら淹れたコーヒーは普通よりも美味しく感じます。

売っている野菜を手軽に買うのではなくプランターで育ててみると、発芽した苗が可愛く思えたり、摘み取って食べたサラダの格別な味に感動します。

この時短が叫ばれている時代に、「自分のためだけにあえて時間をかけて何かをする」ことの贅沢さをじっくり味わうことは、人生に喜びをもたらしてくれます。

人は、時間をかけてやったものに満足感を得るものです。

ゆっくりした時間の流れを感じると、生活全体が充実します。生活全体が充実すると人生全体の質が上がって、毎日の中に驚くほどの満足感が生まれるのです。

Your Ideal Self

「理想の自分」になる三つのリスト

時間の積み重ねが人生だと思うと、やりたくないことに時間を費やすのはもったいないものです。

そのエネルギーと時間は、できるだけ自分が本当にやりたいと思っていたことに費やしたい。

今の自分に「不要なもの」と「必要なもの」を見極めるためには、ひとり時間でやるべきリストをつくるといいと思います。

私はいつも、紙とペンを用意して「やめたいこと」「やりたくないこと」「なりたくない人」などを書き出して頭を整理します。たとえば次のように箇条書きにします。


【やめたいこと】

・ダラダラとインターネットを見ること
・汚い部屋で過ごすこと
・家族に対する意地悪な口のきき方
・子どもをガミガミ怒ること

【やりたくないこと】
・時間に追われた仕事
・家事
・会社勤め
・お金の管理
・好きになれない人と一緒の仕事

【なりたくない人】
・意地悪な人
・人によって態度を変える人
・お金にケチでせこい人
・人を裏切る人
・不平不満ばかり言う人

このように、思いつくままに書き出してみるのです。

これらは自分の望みとは反対のことです。

一通り書き終えたら、今度は下に、肯定的な表現で書き直してみます。

くれぐれも、「何々はしない」などの否定形で書かないでください。否定的な言葉は自分の潜在意識にもマイナスの影響を与えてしまいます。必ず肯定的な書き方に統一しましょう。たとえば、

【やめたいこと　→　やりたいこと】

・ダラダラとインターネットを見ること　→　時間を決めてインターネットを見る
・汚い部屋で過ごすこと　→　きれいな部屋で過ごす
・家族に対する意地悪な口のきき方　→　家族に思いやりのある言葉で話す
・子どもをガミガミ怒ること　→　理性的に叱る、教える

【やりたくない　→　やりたい】

・時間に追われた仕事　→　自由な仕事をする
・家事　→　お手伝いさんを雇う、または夫に手伝ってもらう

・会社勤め　↓　起業する
・お金の管理　↓　経理や税理士さんを雇う
・好きになれない人との仕事　↓　転職する、または好きな人を雇う

【なりたくない　↓　なりたい】
・意地悪　↓　優しくて親切
・人によって態度を変える　↓　誰にもこびない、自分らしくいる
・お金にケチでせこい　↓　与える精神で生きる
・人を裏切る　↓　誠実である、正直である
・不平不満ばかり言う　↓　感謝の気持ちを常に持つ

このように**表現を変えて書き出してみると、理想の自分のアウトラインがハッキリしてくる**のではないでしょうか。

すべては陰陽、表裏一体なのです。

特に「なりたくない自分」と「なりたい自分」を書き出してみると、対極の形を意識す

ることで理想がよりクッキリと見えますから、一層早く理想に向かうことができるようになります。

人生の時間は有限です。

限りがあるからこそ、やりたくないことに費やす暇はありません。

毎日、1分、1秒、すべて「理想の自分」に向かっていくように過ごしたいですね。

迷ったときにする究極の質問

An Ultimate Question

問題が複雑でどこから手をつけていいかわからないとき、どっちを向いても出口が見えないとき、私は自分に究極の質問をします。それは、

「ぶっちゃけ、どうしたいの？」

というもの。

思考は本来とってもシンプル。**複雑にしているのは、「世間体」や「見栄」や「一般常識」です。**

しかし、すべてを脇に置いて二者択一にしてみると、最初から自分の意見は決まっているものです。

二者択一の選択肢は、「やりたいの？」それとも「やりたくないの？」。これだけです。

深いところで自分の欲しているものを理解してから選ぶ回答こそが本音。

もちろん欲望のままに生きるのがいいという意味ではなく、**「自分の本音」を確認することが大切なのです。**

たとえば、最近ではご両親の介護に悩む人も多いと思います。

自分を何十年と育ててくれた親との関係は、複雑な感情がからむ難しいことですし、仕

事や家事と違って終わりも見えないから予定を立てるというわけにもいきません。

家族といい関係を築けなかったという人にとってはもちろん、ずっといい関係を築いてきたという人にとっても、どう判断するかが難しい問題です。

しかし、**ここで選択肢を絞ってみると、実は自分でも気づいていなかった本音が見えてきます。**

たとえば、「やりたくない」と思っていたとしても、実は子どもとしての責任が果たせてホッとしている自分がいると、介護は自分にとって実は「やりたいこと」だったということになります。

誰にも見舞われない親の姿を見たくないし、一緒に住んで安心したいから「やりたいこと」だったという場合もあります。

逆に、「親孝行な子どもでいなければ」という近所や親戚からの目を気にして、自分の夢を犠牲にしていることが、本当は辛くて仕方がないという人もいるかもしれません。

自分の本音がわかったら、同時に「自分がなぜそうしたいのか」、または「そうしたくないのか」、理由も一緒に見えてくるはずです。

自分の本当の欲望を知っていれば、やるにせよやらないにせよ、もっと現実

的に手段を考えられるようになるのではないでしょうか。

やりたいことなら、「リフォームするのは大変だから近くに家を探そう」とか、昼間だけデイケアに頼めないか」という選択肢も出てくるでしょうし、やりたくないことなら「誰かに代わりに頼めないかな？」とか、「金銭的な援助を受ける手段はないかな？」というように、さまざまな選択肢があることに気づくはずです。

親の介護問題については感情もありますし、親の希望も自分の希望もありますから、選ぶのが非常に難しいと思います。

それでも、自分の本音を知っておけば、**道が一つしかないわけではないこともわかるはず。**

困ったときには、ぜひ自分への質問をしてみてください。

As You Wanted

結局、人生は思い通りになっている

理想の自分に近づき、思い描いた理想の人生を歩むために私たちは生きています。

とはいえ、「すべてを思い通りにしたい」というコントロール欲があるとうまくいきません。逆説的ですが、**コントロール欲からいったん離れる必要があるのです。**

周囲を見回してみてください。思い通りに生きたいと強く願う人ほど、思った通りには生きられていないのではないでしょうか。

毎日何もかもが思い通りになっているなら、世界は努力せずに夢を叶える人だらけになるはずです。

しかし、50歳になった今、私は思うのです。

「人生とは、思い通りにならないことを楽しむためにあるのではないか」と。

「原始的な魂」のことを考えるとき、かつて誰もが生まれる前は、自由な空間をさまよっていたのではないかと想像してみることがあります。

そのときには「実体」というものがないのですから、なんでも思い通りにいくことでしょう。でも、それを何百年と過ごしていたら、きっと飽きるのではないでしょうか。

そして飽きたときに、人はこの世に生まれてくるのではないでしょうか。

つまり、**私たちは生まれる前から、自分の小さな欲望がいちいち叶うような**

単純なシナリオを描いて生まれてきていないのです。

困難に遭いながらもそれを乗り越えた「強くなった自分」「理想の自分」と会うために、何度も何度も試練をくぐり抜けて自分を成長させるシナリオを用意しているのです。

つまり、あなたの考えている「思い通りの人生」とは、あなたが今「顕在意識で望んでいる思い通りの人生」とは違うのです。

視野が狭くなると、私たちは身近な人と自分を引き比べて、欠乏感に苦しみます。アレが欲しいのに手に入らない、あの人はずるいことをしている、どうして自分だけツイてないのか……。若いときほど、そういった障害がなくなることこそ理想だと思いがちですが、実はあなたの魂はもっと深いところにある満足感を求めています。

愛に溢れ、満足感があり、行動できる自分にワクワクする人生を歩みたくない人はいないはずです。

そのワクワクの対象が、若いときには見えていないだけ。

でも、思い通りに生きたいという執着を手放したときに、本当の自分のシナリオ通りの人生が始まるのです。

何かが欲しいという強烈な渇望は、生きる意欲になることもあるでしょう。しかし、「あなたが強く欲するもの」は、その状態では不思議なことに手に入らないのです。

今がたとえ望んだ環境でないとしても、感謝を忘れないこと。

自分の身のまわりにいてくれる人に感謝を忘れず、自分が世界一不運だと思っても、この状況を甘んじて受けようと覚悟を決めること。

やがて道が開けることを信じて、今いる場所で努力することを怠らないこと。

こうした風に揺れる柳のような柔軟さを手にすることで、本当の強さは手に入ります。

すべては自分が選んだこと。

運命に身をまかせて力を抜いたときに、あなたが描いたシナリオが機能します。

乗り越えられない困難は絶対に起きません。

どうか、自分の力を信じて、自分の書いたシナリオを信じて、すべてを受け入れて生きようと覚悟を決めてください。

必ず道が開けます。

そして、年齢を重ねるほどに楽しくなるような人生を生きられるはずです。

Epilogue

おわりに
～母親との別れ

この本の執筆中、母を見送ることになりました。
私にとっては、50年生きてきた最後の課題が
母親との別れだったようです。
残念ながら、仕事で東京にいた私は、
その場で最期を看取ることはできませんでしたが、
それでも、この一年間、母のことに関してはやるだけやったな……
という気持ちでいっぱいです。
一年ほど前に膵臓ガンがかなり進行していることがわかってから、
母のためにできる限りのことをしてきたからです。

子どものときから、母が死ぬ日がいちばん恐ろしいと思い、
それはずっと私にとって手放せない執着になっていたように思うのですが、

ガンの告知を受けてからは次第にその執着とも距離を置くことができるようになりました。

母の人生に私が強引に入り込むことはできません。苦しいことや大変なことがあったらサポートすることはできても、人生や生き方に口出しはできないということがよくわかったからです。母の命は私の命ではない。つまり、私がどうしたいかは関係なく、すべての選択は「母がどうしたいか」しかなかったのです。

母の意思で手術を拒否して退院してからは、民間療法も含めてさまざまな薬や療法を試しましたし、本人も食事制限などはよくがんばっていたと思います。

亡くなる最後の数日間は、病院に行った日は毎日、顔や手や腕や脚、そして足裏を、アルガンオイルをたっぷり使ってマッサージをしました。母のそのときの幸福感に満ちた顔を忘れられません。

Epilogue

最後に母と話をしたのは兄で、
最後に一緒のときを過ごしたのは父でした。
父は、最期に母を一人で逝かせたくないということに
こだわっていたので、見送ることができて本当によかったと思います。
でも、これは結局、母の計画通りだったのでしょう。
入院費用も葬儀の費用もその他もろもろすべて、
母が計画した通りにいったとしか思えません。
多額なお金は残しませんでしたが、いつも言っていた
「お前たちに迷惑は掛けない」という
言葉通り、立派に潔く旅立ちました。

私は「人は自分が死ぬときを選んでいる」という説を信じています。
二年前お別れしたペットのモモが亡くなるときもそうでしたし、
親族の死に目に会えなかったという人の状況を聞いても、
逝く者がわざと会えなくしたとしか思えない状況などを

何度も見たり聞いたりしてきました。
最期に会って亡くなるにしても、
会わずに亡くなってしまうとしても、
すべては本人の意思で選んでいるのではないかと思うのです。
そう強く信じていたからこそ、
まさか自分が仕事で離れたところにいるときに亡くなるとは
まったく思っていなかったのですが、これも母の意思。
母は私が仕事をしていることを誇りに思ってくれていましたし、
経済的に自立していることをいちばんの安心材料にしていました。
ですからこれは、「これからもしっかり仕事をしなさい」という
母のメッセージのように思えます。

今、母はとても軽やかでいるのがよくわかります。
痛みもなく、辛さもなく、
以前飼っていた愛犬モモと一緒にあちこちに行っているのでしょう。

ですから私には母が亡くなったことの辛さはありません。

むしろ、長年の恐怖から解放されたので、大きな悩みが一つ減ったような感覚ですらあります。

親との別れは誰もが通る道。

そして、これから親の死を迎えられる方には、「大丈夫だよ」とお伝えしたいと思います。

親の死は辛いものでも怖いものでもなく、死に目に会えようが会えまいが、あなたは親よりも長生きできたという最大の親孝行ができたことを喜んでください。

そして、今生《こんじょう》での学びのすべてを終え、生まれる前にいた場所に戻る親のことを誇りに思ってください。

やはり、死ぬことよりも、生きている方が大変なこと。

母は今生きることから解放されて喜びに満ちていると思います。

妄想だけで親の死に恐れを抱いていた私は、死は自然のもので、残されたものは寂しさはあれど、

それでも生きているうちにやれることをやれたら後悔もないものだ、
ということがよくわかるようになりました。
残された父親を思うと不憫で切なく思うこともありますが、
父の悲しみや寂しさは父のものであり、それも父が背負うべきもの。
それよりもどのように助けていくかを考えて、
残された父を現実的に支える方法を考えて
行動に移していくことが大切だと思っています。
最後に一つわかったことは、
人は最後の最後に天に戻るとき、
誰もが残されたものたちにとって教師になるのだということ。
どんな利己的な歩みをした人であろうと、
どんな愛情に満ちた善人であろうと、
すべての人は、残された人々に何かを教えてくれるのです。
残されたものはそれを胸に、前を向いて歩いていきましょう。
私もまだまだ50歳。

Epilogue

この先の人生でどんなふうに暴れようか、
母に見守られながらワクワクし続けて生きていきたいと思います。

最後に、50歳という節目を迎えて
このような本を世に送り出せたことを嬉しく思います。
編集者の白井麻紀子さんとは本書で3冊目の作品となりました。
いつも細やかな配慮をしていただき、心より感謝しております。
そして、私の読者の皆様、
陰ながら私を支えてくださっている友人たちにも、
「ありがとう」では言い表せないほどの気持ちがあふれる思いでいます。
「年をとればとるたびラクに生きられる」
年をとるのは悪くないどころか楽しいことであることを、
本書から拾っていただけたら幸いです。
みなさんの人生がますます輝くものとなりますように。

ワタナベ薫

ワタナベ薫

Kaoru Watanabe

作家、株式会社WJプロダクツ代表取締役であり、他2社を経営する実業家。美容、健康、メンタル、自己啓発、成功哲学など、女性が内面と外面の両方から綺麗になる方法を発信。著書に『ビジュアル版　品格ある女性になる「感情整理」のレッスン』（廣済堂出版）、『幸せになる女の思考レッスン』（光文社）など多数。

女《おんな》は年《とし》を重《かさ》ねるほど自由《じゆう》になる

二〇一八年　三月　一日　第一刷発行
二〇一八年　三月二〇日　第二刷発行

著者　ワタナベ薫《かおる》
発行者　佐藤　靖
発行所　大和《だいわ》書房
東京都文京区関口一―三三―四
電話　〇三―三二〇三―四五一一

ブックデザイン　吉田憲司（TSUMASAKI）
カバー写真　遠藤あすみ
写真協力　amanaimages
本文印刷所　廣済堂
カバー印刷所　歩プロセス
製本所　ナショナル製本

ISBN978-4-479-78413-5

http://www.daiwashobo.co.jp